N. Grünwald / M. Heinrichs / R. Krause / H. Domröse / K. Wolfgramm

Vom wirtschaftlichen Anforderungsprofil zur Implementierung unternehmerischen Denkens und Handelns

Grünwald, N.; Heinrichs, M.; Krause, R.; Domröse, H.; Wolfgramm, K.

Vom wirtschaftlichen Anforderungsprofil zur Implementierung unternehmerischen Denkens und Handelns

Schriftenreihe des Robert-Schmidt-Instituts Wismar, Band 1
Herausgeber: Robert-Schmidt-Institut

1. Auflage 2012 | ISBN: 978-3-86741-772-3
© Europäischer Hochschulverlag GmbH & Co. KG, Bremen, 2012.
Alle Rechte vorbehalten.

N. Grünwald / M. Heinrichs / R. Krause / H. Domröse / K. Wolfgramm

Vom wirtschaftlichen Anforderungsprofil zur Implementierung
unternehmerischen Denkens und Handelns

Schriftenreihe des Robert-Schmidt-Instituts Wismar, Band 1

www.eh-verlag.de

Das Gewohnte ist meist noch hemmender
als das Mächtige.
Ernst Bloch

Die Zukunft hat viele Namen:
Für die Schwachen ist sie das Unerreichbare.
Für die Furchtsamen ist sie das Unbekannte.
Für die Mutigen ist sie die Chance.
Victor Hugo

Ich möchte auf keinen Fall zu den Leuten gehören,
die nichts machen, nur weil es andere auch nicht tun.
Charlotte Roche

Inhalt

Vorwort

Gelernt wird für das Leben. Das Leben kann rückwärts orientiert, es kann aber auch vorwärts, zukunftsorientiert und offen ausgelegt sein. Entsprechendes gilt für das Lernen: Es kann sich ausschließlich am Hergebrachten orientieren, es kann sich aber auch mit Elan auf Neues werfen und dies zur Entfaltung bringen, um Werte zu generieren, die eine Gesellschaft in eine Zukunft überführen helfen. Es kann sich also auf das „Das haben wir schon immer so gemacht" einerseits konzentrieren, andererseits aber auch auf das „Warum nicht einmal so" fokussieren.

Zusammenfassend lässt sich nach Richard Friday formulieren: „If your town is 'civic', it does civic things; if it is 'uncivic', it does not." (R. Florida 2004)[1]

Nach vorne denken heißt nichts Anderes als Denken in anderen und neuen Bahnen, unbetretene Pfade einschlagen, um Neues oder Anderes zu entwickeln und daraus Wert zu schöpfen. Es ist dies die Deviation von der Normalität.

In Deutschland wird noch immer sehr viel Wert auf den Normalzustand gelegt, ein Ausbruch aus der von Schelsky erkannten „nivellierten Mittelstandsgesellschaft" findet kaum statt, ein pragmatischer Umgang mit Verantwortung ist nur in Ansätzen zu beobachten. Im Gegensatz zu Frankreich, England oder den USA ist das Bewusstsein des „Citoyen" in Deutschland kaum ausgeprägt. Das schnelle industrielle Wachstum forderte Verwaltung ein und damit den Beamten und Angestellten. Auf diesem Weg wurde der staatstragende Kleinbürger geboren, dem das selbständige und selbstbewusste Denken, das den „Citoyen" ausmacht, fehlt. „Citoyens sind Menschen, die pragmatisch mit Verantwortung umgehen und den Staat nicht als Übervater für alle irdischen Probleme anrufen." (Wolf Lotten 2011)[2]

Dies gilt insbesondere für die Beschäftigungsverhältnisse. „Zwischen 1996 und 2008 (aktuelle Zahlen liegen nicht vor) sank die Zahl der unbefristeten Vollzeitjobs um sieben Prozent auf nur noch 22,9 Millionen. Im selben Zeitraum nahmen Teilzeitarbeit und Minijobs, befristete Beschäftigung, Selbständigkeit und Leiharbeit stärker zu als die Zahl der Erwerbstätigen insgesamt. Ihr Anteil wuchs um 53 Prozent". (Karin Finkenzeller 2011)[3]

Vor diesem Hintergrund kommt der Hinführung oder Begleitung zum „unternehmerischen Selbst", wie es Ulrich Bröckling von der Martin-Luther-Universität Halle-Wittenberg nennt, eine herausragende Bedeutung zu.

Die Hochschule Wismar muss sich als Arena begreifen, in der das Virus des Denkens beginnt und das Wollen gelernt werden kann, sie muss sich als Agentur für den sozialen Wandel begreifen und definieren. In diesem Kontext

---

[1] Florida, R.: The Rise of the Creative Class. New York 2002. S. 271.
[2] Lotter, W.: Mittendurch. Nach vorn. In: brand eins. 13 Jg., Heft 3. Hamburg 2011. S. 46.
[3] Finkenzeller, K.: Wir sind so frei. In: brand eins. 13.Jg., Heft 3. Hamburg 2011. S. 72 ff.

hat sie den Studierenden dahingehend zu befördern, dass er sich die Sinnfrage stellt: Wo kann ich mit meinen Fähigkeiten Nutzen bewirken? Der Studierende muss die Moral in den Spielregeln begreifen und die Effizienz in den Spielzügen beherrschen. Er als mit Intelligenz ausgestatteten Wesen muss dazu angehalten werden, nicht das gleiche Spiel weiter zu spielen, sondern ein neues zu erfinden.

Was die gegenwärtige Generation anbetrifft, so ist sie zwar in einer nahezu noch heilen Welt geboren worden, doch ist sie mit Krisen groß geworden. Diese reichen von Tschernobyl bis Fukushima, umfassen generell Umweltkrisen, beinhalten den 11. September, den Arbeitsmarkt, das Rentensystem, die Krankenversicherung, die Finanzkrise, die Kriege im Irak und in Afghanistan, Terrorismus, um nur einige Wenige zu nennen.

Sicherheit: Fehl am Platz. Und dennoch wird beschworen, was nicht mehr ist. Methoden und Werte werden in einer Zeit hochgehalten, in der nichts mehr normal ist, in der die Krise zur Normalität geworden ist, in welcher mit Tradition der Veränderung begegnet wird, um den Normalzustand wieder herzustellen. Wer seine Werte nicht ständig an den Erfordernissen der Zeit misst, hat Angst, dass sein eigenes Wertesystem zusammenbricht wie ein Kartenhaus.

Der Umgang mit Veränderung und Vielfalt unterliegt einer überbordenden Verzagtheit, die häufig mit Stagnation in Verbindung gebracht werden kann. Doch gerade die jetzige Zeit erfordert ein Mehr an Mut und Entschlossenheit, erfordert ein kontinuierliches Umdenkvermögen, den Willen zur Kreativität und die Freiheit, handelnde Verantwortung für sich und damit ggf. für andere übernehmen zu wollen. So stehen für die jetzige Zeit als banale Motivationen u. a. im Vordergrund:

- Leistungsorientierung
- Selbstverwirklichung
- Freiheit mit den Einschränkungen von Realität, Markt und Umsetzbarkeit
- Entwicklung besserer Ideen
- Ermöglichung des Ergreifens von Gelegenheiten
- Gute und zukunftsorientierte Bildung
- Vereinbarkeit von Beruf und Familie
- Querdenken

In der heutigen Zeit ist der entscheidende Faktor die Andersartigkeit. Deshalb sind die Unternehmen abhängig von Menschen, die einmalige und einzigartige Ideen liefern. Normalität, so schreiben Jonas Ridderstråle und Kjell A. Nordström, „führt ins Nichts." Wenn wir uns immer nur wie alle anderen verhalten, sehen wir immer dieselben Dinge, hören dieselben Dinge, stellen ähnliche Leute an (Heinrichs 2007)[4], entwickeln ähnliche Ideen und bieten identische Produkte und Dienstleistungen an. Wir würden im Meer der Normalität untergehen.[5]

Mit anderen Worten ausgedrückt heißt dies nichts anderes, als dass das Mittelmaß nie gewinnt, dass die Zukunft den Sonderlingen gehört, als denjenigen, die es wagen, ein Risiko einzugehen, Regeln zu brechen und neue aufzustellen. Die Zukunft gehört denen, die geistig und tätig in der Lage sind, die Gelegenheit beim Schopf zu greifen. Es ist dies die Abkehr von einem Verhalten, das dem der Amisch-Sekte ähnelt: Die Menschen sehen gleich aus, denken alle dasselbe und glauben, dass sie die Zeit anhalten können.

Innovation und Erfolg stellen sich jedoch erst ein, wenn man sich mit der an allem Anfang stehenden Frage „Was wäre, wenn ..." aus der Logik der Vergangenheit löst. Erfolg resultiert aus Andersartigkeit und nicht aus der Teilnahme an Karaoke-Wettbewerben; Erfolg resultiert aus der Erforschung des Unbekannten und der Realisierung von Ideen; Erfolg stellt sich ein, wenn wir die Zukunft gestalten; Erfolg ist Schaffenskraft.

Zum ersten Mal wird das Wirken innovativer Menschen im Alten Testament erwähnt und zwar anhand der Personen von Joseph, Jethro und Moses, drei Individuen, welche soziale und ökonomische Innovationen initiierten. Sowohl Joseph als auch Jethro und Moses standen außerhalb der Gesellschaft, in die sie hinein wirkten. Modern ausgedrückt heißt dies, dass sie außerhalb des gesellschaftlichen main-streams standen. Joseph versetzte durch seine ökonomische Theorie Ägypten in die Lage, ökonomisch vorausschauend zu handeln, Jethro steuerte die Organisationstheorie bei und Moses lieferte die erste Veröffentlichung der Menschenrechte. Deutlich wird daran, dass derjenige, der wirklich innovativ ist, zunächst – egal ob Intrepreneur oder Entrepreneur – außerhalb steht oder vielleicht sogar außerhalb stehen muss, um die Idee realisieren zu können.

Ariane Berthain Antal und Camilla Krebsbach-Gnath differenzieren in diesem Zusammenhang zwischen internen und externen Außenseitern, (Ariane Berthain Antal und Camilla Krebsbach-Gnath 2001), beides Personengruppen, die dem geistigen Fraktionszwang entsagt haben.

Mit dem Projekt Implementierung der Gründungslehre wird die Basis des unternehmerischen Handelns auf dem Campus erweitert. Ziel ist es, alle Studierenden, Professoren, wissenschaftliche Mitarbeiter und andere Mitarbeiter zu erreichen und zu mehr unternehmerischem Denken und Handeln zu motivieren. Dabei steht nicht die Gründung eines eigenen Unternehmens im Vordergrund. Vielmehr soll das Bewusstsein geweckt werden, durch mehr Engagement, Eigeninitiative und Risikoübernahme die persönliche, berufli-

---

[4] Heinrichs, M.: Das Thomas-Annika-Prinzip in der Verwaltung. In: Info-Flyer-Fortbildung in der öffentlichen Verwaltung. Güstrow 2006. S. 7 ff.
[5] Ridderstråle, J.; Nordström, K. A.: Funky Business Forever. München 2008.

che und private Entwicklung zu gestalten und die Employability zu erweitern. Damit wird ein notwendiger unternehmerischer Klimawandel an der Hochschule unterstützt.

Die in den einzelnen Befragungen zusammengetragenen Daten ermöglichen die Betrachtung des Ist-Standes zur Gründungslehre und zum unternehmerischen Denken und Handeln an der Hochschule Wismar und zu deren sinnvollen Weiterentwicklung – und dies aus völlig unterschiedlichen Blickwinkeln. Die gemeinsamen Schnittmengen liefern sichere Ansatzpunkte für eine große Übereinstimmung der verschiedenen Akteure beim weiteren Vorgehen.

Es ist klar, dass die Gründungslehre nicht ausschließlich auf eine sofortige Gründung nach Studienende ausgerichtet sein darf, sondern dass sie Kompetenzen vermittelt, die in Verbindung mit Markt- und Berufserfahrungen zu einer Gründung führen.

Prof. Dr. Norbert Grünwald

Managementfassung

Die Hochschule Wismar als unternehmerische Hochschule verfolgt mit ihrer Strategie zur Implementierung der Gründungslehre den Ansatz, unternehmerische Kompetenzen in die Curricula aller Studienprogramme zu integrieren. Indem sie sich von klassischen Gründerlehrstühlen und Gründerseminaren abwendet, beschreitet sie einen neuen und alternativen Weg. Wie die Professorenbefragung aus dem Jahr 2008 deutlich macht, wird dieser Weg von vielen Professoren bereits mitgetragen, jedoch ist das Bewusstsein, den Studierenden die Kompetenzen unternehmerischen Denken und Handelns als notwendige Bereicherung bewusst zu vermitteln, noch nicht im gewünschten Ausmaß ausgeprägt.

Die 2010 durchgeführte Untersuchung „Stand der Implementierung unternehmerischen Denken und Handelns an der Hochschule Wismar" zeigt aber, dass bereits in nahezu 40% aller 681 untersuchten Fächer unternehmensaffine Inhalte Unterrichtsbestandteile sind. Auszuschließen ist nicht, dass auch in den übrigen Fächern unbewusst unternehmerisches Denken und Handeln vermittelt wird. Schwerpunkt der Vermittlung ist „Problemorientierung, Problemlösung und Risikobereitschaft" gefolgt von „Innovatives Denken, Denken in Zusammenhängen, konzeptionelles und strategisches Denken, alternatives Denken und Handeln, Kreativität" sowie „Kommunikation und Verhandlungstechnik", ein Ergebnis, welches mit der 2009 durchgeführten Befragung von 109 Unternehmerinnen und Unternehmern korreliert. Die Implementierungsuntersuchung machte aber auch deutlich, dass unternehmerische Kompetenzen wie „Interkulturelles Handeln, Ambiguitätstoleranz", „Identifikation und Evaluation von Geschäftsgelegenheiten" oder auch „Networking" und „Ethik" so gut wie gar nicht Beachtung finden. Von daher ist festzustellen, dass trotz des bislang erfolgreich eingeschlagenen Weges die Studienprogramme mehr oder weniger einer Anpassung nach entrepreneuriellen Kompetenzen bedürfen. Dies wird umso notwendiger, wenn man, wie die „Befragung zu Studienmotivation und Unternehmertum" aus dem Jahr 2009 nachgewiesen hat, erkennt, dass die Studienanfänger kaum oder nur rudimentär mit unternehmerischen Denken und Handeln vertraut sind. Im Rahmen der Untersuchung wurde 203 Studierenden ein Fragebogenset übergeben. Daraus wurde u. a. deutlich, dass die meisten Studierenden aus Elternhäusern kamen, in denen Vater und Mutter in einem unselbständigen Arbeitsverhältnis sind. Festzustellen ist, dass die berufliche Sicherheit einen überaus großen Stellenwert hat und die Ausprägung von entrepreneuriellen Kompetenzen wie Kreativität, Risikobereitschaft und Selbständigkeit eher einen geringeren Stellenwert aufweist, obwohl die Elternhäuser gerade dazu ermunterten. Als ein weiteres Ergebnis ist festzuhalten, dass die Mehrheit der Studierenden anpassungsfähig und bereit ist, sich unterzuordnen.

Zusammenfassend lässt sich ausführen, dass die Voraussetzungen für unternehmerisches Denken und Handeln aus Seiten der Studierenden nicht die günstigsten sind. Auf der anderen Seite bedeutet dies auch, dass die pädagogischen Konzepte auf die Entwicklung unternehmerischer Eigenschaften hin einer Prüfung zu unterziehen sind, um Risikofreude, Selbständigkeit und Mut zum Unternehmertum in das kulturelle Kapital der Studierenden überführen zu können. Mit ihren Alumni, von denen 28% einer selbständigen Tätigkeit nachgehen, hat die Hochschule Wismar, wie die „Alumni-Befragung 2008" ergeben hat, das Humankapital, um Praktiker des unternehmerischen Denken und Handelns in den Lehrbetrieb mit einzubeziehen.

1. Zielstellung der Unternehmerbefragung 2009/2010

Die im Folgenden beschriebene Befragung von Unternehmer/innen und Führungskräften der regionalen Wirtschaft in Mecklenburg-Vorpommern wurde 2009 und 2010 durchgeführt. Die Umfrage soll helfen, das Wissen über die Bedeutsamkeit von Fähigkeiten zum unternehmerischen Denken und Handeln für die Wirksamkeit von Hochschulabsolventen/innen in ihren Berufsfeldern zu verbessern. Die ermöglicht der Hochschule Wismar, relevante Anforderungen der Wirtschaftsunternehmen noch besser in die Studienordnungen, die einzelnen Seminare und Lehrveranstaltungen einzubeziehen, ohne dass dadurch Umfang und Qualität der Vermittlung von Fachkompetenzen leiden.

Für eine Rückkopplung in die Gründungslehre an der Hochschule Wismar wurden drei Fragen in den Focus gerückt:

a) Welchen Wert messen die befragten potenziellen Arbeitgeber einzelnen Aspekten der unternehmerischen Kompetenz insbesondere für HS-Absolventen/innen bei?

b) Wie nehmen sie deren Ist-Ausprägung unter allen HS-Absolventen/innen wahr?

c) Wie nehmen sie deren Ist-Ausprägung speziell unter den Absolventen/innen der HS Wismar wahr?

Hierbei tritt erwartungsgemäß der Fakt auf, dass die Stichprobe zur letzten Frage am kleinsten ausfällt, da nicht alle Befragten tatsächlich Wismarer Absolventen/innen kennen bzw. diese hinsichtlich ihrer unternehmerischen Kompetenzen beurteilen können.

Um trotzdem eine akzeptable statistische Aussage zu erhalten, wurde eine Gesamtstichprobe von 100 befragten Unternehmern/innen und Führungskräften angestrebt. Diese Stichprobengröße lässt eine hinreichende statistische Sicherheit erwarten.

Gleichzeitig entspricht dies dem Stichprobenumfang der Professorenbefragung und erleichtert die Vergleichbarkeit beider Erhebungen.

Die Fragen waren so zu entwickeln, dass die Auswertung der Antworten Rückschlüsse auf solche Fähigkeiten ermöglicht, die gezielt mit den geeigneten methodischen und didaktischen Instrumenten gefördert werden können. Insbesondere sollte in dem Falle, dass eine deutlich differenzierte Ausprägung einzelner unternehmerischer Fähigkeiten reflektiert würde, sowohl ein Stärken- wie auch ein Defizit-orientierter (Stärken stärken > < Defizite abbauen) ermöglicht werden.

Die bisherige Auseinandersetzung mit der Vermittlung unternehmerischer Kompetenzen orientierte sich vorrangig an dem Begriff „Unternehmerisches Denken und Handeln" gemäß der Empfehlung des Europäischen Parlaments und des Rates von 2005 (vgl. Abschnitt 2.1). Es war zu prüfen, ob dieses Modell für die angestrebten Ziele optimal ist.

Ein weiterer, wesentlicher Aspekt bei der Planung und Durchführung dieser Befragung war der für die Befragungsteilnehmer/innen entstehende Zeitaufwand. Nach Erfahrungswerten werden solche freiwilligen Aktionen von der Zielgruppe nur dann mit getragen, wenn es sich um einen Zeitumfang von max. 15-20 Minuten handelt.

Um dies zu gewährleisten und trotzdem die drei oben genannten Fragen zu behandeln, wurde der Fragenkatalog auf fünf Items zur unternehmerischen Kompetenzen begrenzt:

- Leistungsmotivstärke

- Internale Kontrollüberzeugung

- Problemorientierung

- Risikoneigung

- Durchsetzungsvermögen

Das verwendete Kompetenzmodell wird zudem im Anhang I beschrieben.

2. Versuchsplanung

2.1 Modellwahl zur Unternehmerischen Kompetenz

Wie bereits vorher gesagt, orientiert sich die Diskussion der Vermittlung unternehmerischer Kompetenzen an der Fassung des Begriffs „Unternehmerisches Denken und Handeln" gemäß der Empfehlung des Europäischen Parlaments und des Rates (2006):

„Unternehmerisches Denken und Handeln ist die Fähigkeit, Ideen in die Tat umzusetzen. Dies erfordert Kreativität, Innovation und Risikobereitschaft sowie die Fähigkeit, Projekte zu planen und durchzuführen, um bestimmte Ziele zu erreichen. Zu den notwendigen Kenntnissen zählt, Chancen für persönliche, berufliche und / oder gewerbliche Tätigkeiten zu erkennen, einschließlich der „größeren Zusammenhänge", in denen Menschen leben und arbeiten, sowie ein umfassendes Verständnis der Funktionsweise der Wirtschaft und der Chancen und Herausforderungen, mit denen ein Arbeitgeber oder eine Organisation konfrontiert sind. Der Einzelne sollte sich außerdem der ethischen Stellung von Unternehmen bewusst sein und wissen, dass diese durch fairen Handel oder soziale Unternehmensführung Vorbildfunktion haben können. An Fähigkeiten erfordert ist aktives Projektmanagement (dazu zählen Planung, Organisation, Management, Führung und Delegation, Analyse, Kommunikation, Einsatzbereitschaft, Beurteilung und Aufzeichnung) und die Fähigkeit, sowohl eigenständig als auch im Team zu arbeiten Eine wesentliche Kompetenz ist die Einschätzung der eigenen Stärken und Schwächen sowie die Bewertung von Risiken und die Bereitschaft, gegebenenfalls Risiken einzugehen. Eine unternehmerische Einstellung ist gekennzeichnet durch Initiative, vorausschauendes Aktivwerden, Unabhängigkeit und Innovation im privaten und gesellschaftlichen Leben sowie im Beruf. Dazu gehört auch Motivation und Entschlossenheit, Ziele zu erreichen, ob nun persönlicher Art oder gemeinsame Ziele mit anderen und / oder bei der Arbeit."[6]

Für die Befragung von Unternehmer/innen und Führungskräften muss jedoch berücksichtigt werden, dass dieser Personenkreis in der Regel nur eine relativ begrenzte Zeit für die Teilnahme opfern wird. Deshalb sollte für den Fragebogen lediglich eine begrenzte Anzahl kurzer Einzelfragen verwendet werden, die im multiple-choice-Verfahren beantwortet werden konnten.

Die oben angegebene Definition erschien dafür nicht optimal. Deshalb kam es zu einem Rückgriff auf ein Modell zu den Kompetenzbegriffen (vgl. Anhang), dass im Netzwerk „Existenzgründung" im Rahmen der EU-Gemeinschaftsinitiative EQUAL (2002 – 2005) in der Rostocker Entwicklungspartnerschaft „Neue Profile am Institut für Datenverarbeitung und Betriebswirtschaft

---

[6] Kommission der Europäischen Gemeinschaften: Empfehlung des Europäischen Parlaments und des Rates zu Schlüsselkompetenzen für lebenslanges Lernen. Brüssel 2005.

GmbH entwickelt wurde und sich bei verschiedenen Bildungsdienstleistern in Seminaren für Gründungsinteressierte bewährt hat.

Zudem orientiert sich das benutzte Modell an vorliegenden wissenschaftlichen Erkenntnissen. So formuliert Garnjost (2010): „Vor allem zahlreiche empirische Untersuchungen von Müller (Fragebogen zur Diagnostik unternehmerischer Potenziale (F-DUP) zeigen, dass sich Unternehmer in den Ausprägungen einiger Dispositionen signifikant von Managern und der sog. Normalbevölkerung unterscheiden. Demnach ist für Unternehmer neben einer hohen Leistungsbereitschaft und internalen Kontrollüberzeugung eine hohe Problemlöseorientierung, Ambiguitätstoleranz und Durchsetzungsbereitschaft sowie eine mittlere Risikoneigung typisch."[7]

Das Modell der Hochschule Wismar strukturiert die Unternehmerische Kompetenz als Fähigkeit, Ideen in die Tat umzusetzen, in fünf voneinander abgegrenzte Fähigkeiten, die ihrerseits wieder durch einzelne Items überprüft werden können. Ideen in die Tat umzusetzen, erfordert Kreativität, Innovation und Risikobereitschaft sowie die Fähigkeit, Projekte zu planen und durchzuführen, um die bestimmten Ziele zu erreichen. Sie ist die Grundlage für die besonderen Fähigkeiten und Kenntnisse, die Unternehmer benötigen, um eine gesellschaftliche oder gewerbliche Tätigkeit zu begründen.

Im Folgenden werden die fünf Fähigkeiten zum Begriff der Unternehmerischen Kompetenz nach dem für die Untersuchung benutzten Modell beschrieben:

- **Leistungsmotivstärke**

Hierunter versteht man die Bereitschaft, Aufgaben zu übernehmen, um die eigenen Fähigkeiten und Kompetenzen unter Beweis zu stellen. Es handelt sich um eine Herausforderung, die gute Realisierungschancen besitzt.

Der Reiz besteht in der Bewältigung der Aufgabe selbst, die daher mit großem Engagement übernommen wird.

Zufriedenheit schafft vor allem die erbrachte Leistung, Honorierung und Anerkennung sind dagegen zweitrangig.

- **Internale Kontrollüberzeugung**

Nach wikipedia.de liegt „Eine internale Kontrollüberzeugung ... dann vor, wenn ein Individuum ein positives oder negatives Ereignis als Konsequenz des eigenen Verhaltens wahrnimmt...".

Über internale Kontrollüberzeugung verfügen Personen, die Initiative ergreifen und sich durch starke Machbarkeitsüberzeugung auszeichnen. Sie pa-

---

[7] Müller, G. F. et al.: Führungskräfte mit unternehmerischer Verantwortung. In: Zeitschrift für Personalpsychologie, Heft 1, S. 19 – 26. Ort? 2002.
vgl.: Müller G. F.: Eigenschaftsmerkmale unternehmerischen Handelns. In: Müller, G. F. (Hrsg.): Existenzgründung und unternehmerisches Handeln. Ort ? 2000, S. 105–121.

cken gerne selbst an, streben nach Selbständigkeit und lassen sich bei der Arbeit ungern von anderen bevormunden. Allerdings steckt dahinter Kompetenz und keine Besserwisserei. Sie sind es gewohnt, sich selbst Ziele zu setzen, die Sie selbständig verfolgen.

- **Problemorientierung**

Menschen mit Problemorientierung betrachten Anforderungen des Berufslebens als prinzipiell lösbare Probleme und trauen sich zu, diese Probleme erfolgreich zu lösen.

Eine ausgeprägte Problemorientierung führt dazu, dass die Person an Problemlösungskompetenz gewinnt, weil sie im Laufe der Zeit Kenntnisse, Erfahrungen und Fertigkeiten im Umgang mit neuen Arbeitsanforderungen erwirbt.

Für Unternehmensgründungen ist eine ausgeprägte Problemorientierung vorteilhaft, weil diese dazu befähigt, die zahlreichen "Nicht-Routine"-Aufgaben zu bewältigen, die berufliche Selbstständigkeit üblicherweise mit sich bringt.

- **Risikoneigung**

Eine gewisse Risikoneigung und Nervenstärke müssen Unternehmer/innen unbedingt mitbringen. Doch sowohl der sehr risikoreiche Weg, der mit geringer Wahrscheinlichkeit zu einem viel versprechenden Ergebnis führt, also auch der risikoarme Weg, der mit großer Wahrscheinlichkeit zu einem weniger guten Ergebnis führt, sind zu wählen.

Für Unternehmensgründungen oder Schritte in die Selbstständigkeit ist ängstliche Risikovermeidung ebenso von Nachteil wie extrem hohe Risikoneigung.

Von Bedeutung ist daher, Risiken realistisch einschätzen und kalkulieren zu können, um einen guten Mittelweg zu finden.

- **Durchsetzungsvermögen**

Wie bei der Risikobereitschaft sind auch beim Durchsetzungsvermögen Merkmalsausprägungen optimal, die zwischen allzu defensiver und offensiver sozialer Einflussnahme liegen.

Amerikanische Forscher bezeichnen erfolgreiche Unternehmensgründer mitunter als „mildly sociopathic". Damit meinen sie, dass Unternehmer einerseits sozial unabhängig, dominant und unempfindlich sein müssen, um sich mit ihrer Geschäftsidee durchsetzen zu können.

Andererseits dürfen sie andere Personen auch nicht wahllos vor den Kopf stoßen, da für den erfolgreichen Umgang mit Mitarbeitern oder Kunden auch kooperatives Verhalten gefragt ist.

2.2 Aufbau des Fragebogens

Der Fragebogen gliedert sich in fünf Teilbereiche:

- Angaben zum interviewten Unternehmen und zum/zur Interviewpartner/in

Diese Daten dient dazu festzustellen, in wie weit wir mit unserer Stichprobe eine Grundgesamtheit erfasst haben, z.B. bzgl. der vertretenen Branchen und Unternehmensgrößen, und auch bzgl. der Urteilskraft der Befragungsteilnehmer (haben diese überhaupt Personalverantwortung).

- Bedeutsamkeit unternehmerischer Kompetenzen für Hochschul-Absolventen

Hier werden Daten zur Beantwortung der ersten Frage unserer Zielstellung (vgl. Abs. 2)

„a) Welchen Wert messen die befragten potenziellen Arbeitgeber einzelnen Aspekten der

unternehmerischen Kompetenz – insbesondere für Hochschul-Absolventen/innen bei?"

erfasst. Auch die beiden folgenden Punkte entsprechen den jeweiligen Fragen der ausgewählten Zielstellung.

- Einschätzung der Ausprägung unternehmerischen Denken und Handelns bei HS/Uni-Absolventen allgemein

- Einschätzung des unternehmerischen Denken und Handelns bei Absolventen der Hochschule Wismar bzw. Hochschul-Absolventen mit verwandten Abschlüssen

- Bedarfe der Wirtschaft bzgl. der Absolventen der Hochschule Wismar

  Dieser Komplex erfüllt mehrere Funktionen. Er informiert die Interviewpartner über die an der Hochschule Wismar möglichen Studienabschlüsse und somit über das Leistungspotenzial.

  Er hilft dem Gründerbüro Synergiemöglichkeiten für die anderen Servicebereiche der Hochschule Wismar (Career Service) zu eröffnen. Und schließlich bietet er interessierten Unternehmen einen Eigennutzen, indem diese ihre Wünsche bzw. Bedarfe artikulieren können.

Wie bereits dargestellt, war es zum Erreichen einer hinreichend großen Stichprobe unerlässlich, die benötigte Zeit zum Ausfüllen auf maximal 15 Minuten zu begrenzen. Um dies sicherstellen zu können, wurden folgende Grundsätze beim Formulieren und Gestalten des Fragebogens beachtet:

- jeder der fünf Fragekomplexe wird auf einer einzigen Seite abgehandelt,

- wo möglich wird das Multiple-Choice-Verfahren eingesetzt,

- die Fragen/Items sind kurz, im günstigsten Fall in einer Zeile formuliert.

Im ersten Komplex liegt der Orientierung zur Klassifikation der teilnehmenden Unternehmen am Betriebspanel Mecklenburg-Vorpommern (vgl. Tabelle 1). Von den Teilnehmern werden nach vorgegebenen Kategorien deren betriebliche Position, der Bildungsstand, Geschlecht und Alter (vgl. Tabelle 2) erfasst. Die Angaben zu den Personen bezogenen Daten wurden auf freiwilliger Basis erhoben, was zu Angabenunterschieden führt.

Für die Komplexe 2, 3 und 4 werden die fünf Fähigkeiten zum Begriff der Unternehmerischen Kompetenz mit je 3 Items erfragt, die aus den Erläuterungen zu den Fähigkeiten abgeleitet wurden:

Leistungsmotivationsstärke

- Fähigkeit, Herausforderungen anzunehmen
- Bereitschaft, freiwillig Aufgaben zu übernehmen
- Fähigkeit, Zufriedenheit aus bewältigten Aufgaben zu gewinnen

Internale Kontrollüberzeugung

- Fähigkeit, Initiative zu ergreife, packt selbst gern an
- Fähigkeit zur starken Machbarkeitsüberzeugung
- Streben nach Selbständigkeit in der Arbeit

Problemorientierung

- Problemlösekompetenz
- Fähigkeit zur guten Bewältigung von Nicht-Routine-Aufgaben
- Fähigkeit, in Problemen zuerst eine lösbare Aufgabe zu sehen

Risikoneigung

- Nervenstärke, psychische Belastbarkeit
- Fähigkeit zur realistischen Risikobewertung
- Fähigkeit zur angemessenen Risikoverteilung / Risikoneigung

Durchsetzungsvermögen

- Fähigkeit zum kooperativen Verhalten
- Fähigkeit zur angemessenen sozialen Unempfindlichkeit
- Fähigkeit zum situationsgerechten und verantwortungsvollem Verhalten

Diese 15 Items wurden im Fragebogen untereinander gemischt. Jedoch bleibt ihre Reihenfolge in den drei Komplexen 2,3 und 4 identisch.

Zu jedem Item sollten die Teilnehmer/innen gemäß einer Multiple-Choice-Vorgabe ihre Wertung abgeben. Da bei diesen Wertungen häufig eine „Tendenz zur Mitte" zu beobachten ist, wenn es eine ungerade Anzahl Wahlmöglichkeiten gibt, lag die Entscheidung bei einer geraden Anzahl. Um wiederum den Zeitaufwand in Grenzen zu halten, wurden jeweils vier Wahlmöglichkeiten vorgegeben. Hierbei wurden Ranking-Skalen *(1. Komplex: unwichtig – mäßig wichtig – wichtig – extrem wichtig / 2. + 3. Komplex: nicht vorhanden – mäßig ausgeprägt – gute ausgeprägt – exzellent ausgeprägt)* ausgewählt, da bei der Benutzung von Schulnoten-Skalen mit einer stärkeren Verzerrung infolge der größeren individuellen Interpretations-Spielräume gerechnet werden muss.

Zur Ermittlung möglicher Polaritäten wurden im ersten Komplex zwei zusätzliche Fragen gestellt. Die Teilnehmer/innen sollten durch Nennung genau eines der 15 Items festlegen, welcher dieser Items nach ihrer Meinung für Hochschul-Absolventen/innen am ehesten entbehrlich (also unbedeutend für den erfolgreichen Berufseinstieg), und welcher unverzichtbar ist.

Im fünften Komplex wurden drei Fragen gestellt.

- Für welche der an der Hochschule Wismar vermittelten Studienrichtungen sehen die Befragungsteilneh-mer/innen in ihrer Branche gute Berufschancen? Hier konnten sie die nach Fakultäten geordneten Studienrichtungen ankreuzen.

- Können sie sich eine Betreuung von Hochschule Wismar-Studierenden durch ihre Firma vorstellen? Auch hier wurde als Anregung ein Kategorienspektrum angeboten *(Mehrfachnennungen möglich)*.

- Können sie sich in absehbarer Zeit Beschäftigungsmöglichkeiten für Absolventen/innen der Hochschule Wismar vorstellen? Auch hier brauchten sie lediglich die entsprechenden Studienrichtungen anzukreuzen. Der quantitative Bedarf wurde hier nicht erfragt.

Durch diese Gestaltung des Fragebogens wurde sichergestellt, den Zeitbedarf für das Ausfüllen auf maximal 15 Minuten zu begrenzen.

3. Auswahl und Ansprache der Befragungsteilnehmer

Für die Ansprache der potenziellen Befragungsteilnehmer/innen wurde – wenn möglich – die persönliche Ansprache gewählt, um die Erfolgs-(Rücklauf-)wahrscheinlichkeit zu optimieren und Folgekontakte für weiterführende Zwecke, z.B. Unterstützung von Karrierewege unserer Studierenden/Alumni nutzen zu können.

So wurden bewusst Unternehmen und Führungskräfte angefragt, die aus einer früheren Zusammenarbeit bekannt waren oder die in einer direkten Beziehung zu den Hochschulen des Landes Mecklenburg-Vorpommern stehen, z.B. indem sie hier ein aktives Recruiting (z.B. bei Firmenkontaktbörsen) betreiben oder sich an studentischen Projekten beteiligen.

Zu den Angefragten gehörten vorrangig die Kontakte der Verfasser (Arbeit im Gründungsnetzwerk in M-V zwischen 1999 und 2008 und INFEX-Projekt 2005 bis 2008). Dieser Personenkreis wurde persönlich (meist telefonisch) angefragt und das Einverständnis für das Zusenden des Fragebogens eingeholt. Dieser erhebliche Zeitaufwand wurde gerechtfertigt durch den erreichten hohen Rücklauf von ca. 50% der verschickten Fragebögen und durch das Ziel, die Basis für eine künftige gute Zusammenarbeit mit diesen Kontaktpersonen zu erhalten. Bei grundsätzlicher Bereitschaft der Angefragten wurde ein Fragebogen mit vorbereitetem Rückumschlag verschickt.

Weiterhin wurden Unternehmen angefragt, die sich an gemeinsamen Veranstaltungen mit Hochschulen in Mecklenburg-Vorpommern beteiligten. Hierzu zählen die Teilnehmer/innen der Firmenkontakt-börsen an den Hochschulen Wismar, Stralsund und der Universität Greifswald in den Jahren 2009 und 2010. Hier wurde auch die Möglichkeit genutzt, bei Bereitschaft bis zu zwei Fragebögen je Firma auszugeben. Bei dieser Gruppe betrug der Rücklauf der ausgefüllten Fragebögen ca. 20%.

Und schließlich wurden als kleinste Teilgruppe Unternehmen einbezogen, die aktuell gemeinsame Projekte mit der Hochschule Wismar realisieren.

Insgesamt nahmen 109 Personen aus 98 Unternehmen und Einrichtungen an der Befragung teil. Hiervon arbeiten 98 Teilnehmer/innen in Mecklenburg-Vorpommern und 11 in anderen Bundesländern.

In Tabelle 1 folgt zunächst eine Übersicht über die Verteilung der 109 Befragungsteilnehmer nach Branchen und Beschäftigtenzahlen der Unternehmen/Einrichtungen. Die Zuordnung der Betriebe/ Einrichtungen orientiert sich dabei an der Klassifizierung im IAB–Betriebspanel Mecklenburg-Vorpommern.

Im Anschluss werden in Tabelle 2 die personenbezogenen Daten (Stellung im Unternehmen, berufliches Bildungsniveau, Geschlecht und Alter) ausgewertet.

Gemäß der überwiegend kleinteiligen Wirtschaftsstruktur in Mecklenburg-Vorpommern dominieren in unserer Befragung Teilnehmer/innen aus Betrieben/Einrichtungen mit weniger als 50 Beschäftigten (78 %) und aus den verschiedenen Dienstleistungsbereichen

(51,3 %). Von den in der Klassifikation benutzten 14 Branchen wurden insgesamt 10, wenn auch mit unterschiedlicher Dichte, erfasst.

Tabelle 1: Befragungsteilnehmer/innen nach Branche und Betriebsgröße (gemäß Klassifikation im IAB-Betriebspanel Mecklenburg-Vorpommern)

Branche	Betriebsgröße (Gesamtzahl sozialversicherungspflichtiger Beschäftigter)								Summe	Prozent
	bis 4	5 bis 9	10 bis 19	20 bis 49	50 bis 99	100 bis 199	200 bis 499	über 500		
Land- und Forstwirtschaft, Fischerei										
Bergbau, Energiewirt., Wasserversorg.										
Verarbeitendes Gewerbe		1	2	1				1	5	4,6%
Baugewerbe	3			1					4	3,7%
Handel und Reparatur								1	1	0,9%
Verkehr und Nachrichten-übermittlung										
Kredit- und Versicherungsgewerbe	4	1		2		1		1	9	8,3%
Unternehmensnahe Dienstleistungen	15	4	3	2	2	1		4	31	28,4%
Erziehung und Unterricht	5	1	1	2	1	2			12	11,0%
Gesundheits- und Sozialwesen										
Übrige Dienstleistungen	5	3	6	4	1		1	5	25	22,9%
Organisationen ohne Erwerbszweck			1						1	0,9%
öffentliche Verwaltung				1					1	0,9%
Nicht zuordenbar (Freiberufler, ...)	13	4	1	1				1	20	18,4%
Summe	45	14	14	12	6	4	1	13	109	
Prozent	41,2%	12,9%	12,9%	11,0%	5,5%	3,7%	0,9%	11,9%		100%

Die freiwilligen Angaben zur Person wurden nicht immer vollständig ausgefüllt. So haben lediglich 96 Teilnehmer/innen die Frage nach ihrem höchsten Berufsabschluss beantwortet.

Tabelle 2: personenbezogene Merkmale der Befragungsteilnehmer/innen

personenbezogene Merkmale		Summe	*Prozent*
Position im Unternehmen	Alleiniger/e Inhaber/in	41	*37,6%*
	Mitinhaber/in	18	*16,5%*
	angestellter/e GF	12	*11,0%*
	Führungskraft	24	*22,0%*
	Sonstiges	14	*12,8%*
Höchster Berufsabschluss	Facharbeiter	6	*6,3%*
	Meister	4	*4,2%*
	Fachhochschule	27	*28,1%*
	Universität	53	*55,2%*
	Sonstiges	6	*6,3%*
Geschlecht	männlich	71	*65,7%*
	weiblich	37	*34,3%*
Alter	unter 30 Jahre	9	*8,3%*
	zwischen 30 und 45 Jahre	40	*36,7%*
	über 45 Jahre	60	*55,0%*

4. Geplante Auswertung/Maßzahlen

Da die Bewertungen der 15 Items im Multiple-Choice-Verfahren auf einer Ranking-Skala erfolgten (vgl. Abs. 3.2), bot sich zunächst als Mittelwert der Median (50%-Quantil) und als Streuungsmaß der Quartilabstand (Anzahl der Ranking-Werte zwischen dem 75%- und dem 25%-Quantil) an. Nach Domröse (1985)[8] ist bekannt, dass der Median ebenso wie das arithmetische Mittel, welches im Gegensatz zum Median ein Abstandsmaß zwischen den Skalenwerten erfordert, eine gute statistische Robustheit in unterschiedlichen Merkmals-Verteilungen für Auswahlentscheidungen besitzt.

Da zur besseren Kontrolle der benötigten Bearbeitungszeit eine lediglich aus vier Wertungen bestehende Skala in Frage kam, ergab die Auswertung mit diesen Maßzahlen zumindest zwischen den Komplexen 2 (allgemeine Bedeutsamkeit unternehmerischer Kompetenzen) und den Komplexen 3 und 4 (wahrgenommene Ausprägung bei allen Hochschul-Absolventen/innen bzw. bei den Hochschule Wismar Absolventen/innen) kaum erkennbare Tendenzen zwischen den Items oder den fünf Fähigkeiten/Merkmalen (Leistungsmotivstärke – Internale Kontrollüberzeugung – Problemorientierung – Risikoneigung – Durchsetzungsvermögen).

Unter der Annahme, dass die Abstände zwischen der vier Skalenwerten der Fragekomplexe 3 bis 5 identisch sind, wurden deshalb diesen Wertungen die Zahlenwerte 0 (=unterste/schlechteste Wertung) bis 3 (=oberste/beste Wertung) zugeordnet. Dies ermöglichte die Berechnung arithmetischer Mittelwerte und als Streuungsmaß die Varianz σ^2.

Der schlechteste denkbare Mittelwert ist damit die „Null" und der beste denkbare Wert die „Drei".

---

[8] Domröse, H.: Robustheit von Auswahlverfahren gegen Abweichungen von der Normalverteilung. Rostock 1985. S. 86.

5. Ergebnisse

In Tabelle 3 werden die Bewertungen zu den fünf unternehmerischen Fähig-keiten/Merk-malen aus den Fragekomplexen 2 bis 4 gegenüber gestellt.

Bzgl. der allgemeinen Bedeutsamkeit erhielt die Problemorientierung die höchste und die Risikoneigung die niedrigste Wertung – gemittelt aus den jeweiligen drei Items. Die Problemorientierung mit der höchsten mittleren Bewertung erhielt gleichzeitig die geringste Streuung (Varianz), was auf eine hohe Stabilität dieser Wertung hindeutet. Die größte Streuung, d.h. die größ-ten Meinungsunterschiede, ergaben sich zum Durchsetzungsvermögen.

Wie erwartet fällt das in der Praxis wahrgenommene tatsächliche Ausprä-gungsniveau dieser Fähigkeiten deutlich niedriger aus. Dabei liegen die wahrgenommenen Ausprägungen bei Absolventen/innen der Hochschule Wismar für alle fünf Merkmale über den allgemeinen Ausprägungsniveaus. Berücksichtigen muss man aber die für die Aussage bzgl. der Hochschule Wismar Absolventen/innen kleinste Stichprobe von 22 Befragungsteilneh-mer/innen und die bei den Befragungsteilnehmer/innen zu vermutende positive Grundeinstellung zur Hochschule Wismar – ein Teil hat selbst hier studiert. Die geringste Differenz der wahrgenommenen Ausprägung gegen-über der eingeschätzten Bedeutsamkeit ergab sich für das Merkmal Leis-tungsmotivationsstärke.

Im zweiten Fragenkomplex wurde auch nach den am ehesten entbehrlichen sowie den unverzichtbaren Merkmalen gefragt. Die Fähigkeiten Leistungsmo-tivationsstärke, Internale Kontrollüberzeugung und Problemorientierung wurden häufiger unverzichtbar als entbehrlich bewertet. Die Fähigkei-ten/Merkmale Risikoneigung und Durchsetzungsvermögen dagegen wurden häufiger als entbehrlich eingeschätzt.

Tabelle 3: Mittelwerte und Varianzen in den fünf Teilbereichen der Unternehmerischen Kompetenz bezogen auf ihre allgemeine Bedeutung, sowie ihren wahrgenommenen Ausprägungen bei Hochschulabsolventen/innen allgemein und bei den Absolventen/innen der Hochschule Wismar und die Häufigkeit, mit der diese Merkmale als unverzichtbar bzw. entbehrlich bewertet wurden

| | Bedeutsamkeit unternehm. Kompetenzen für HS-Absolventen | | | | Wahrgenommene Ausprägung über alle HS-Absolventen | | | Wahrgenommene Ausprägung bei den Absolventen der HSW | | |
| | 109 Befragungsteilnehmer | | | | 44 Befragungsteilnehmer | | | 22 Befragungsteilnehmer | | |
	Mittelwert ø-Soll	Varianz σ²-SOLL	Auf diese Fähigkeit kann beim Berufseinstieg am ehesten verzichtet werden	Auf diese Fähigkeit kann auf keinen Fall verzichtet werden	Mittelwert ø-IST_alle_HS	Abweichung vom Mittelwert ø-Soll	Varianz σ²-IST_alle_HS	Mittelwert ø-IST_HSW	Abweichung vom Mittelwert ø-Soll	Varianz σ²-IST_HSW
Leistungsmotivationsstärke	2,19	0,47	13	22	1,70	-22,1%	0,36	1,87	-14,4%	0,31
Internale Kontrollüberzeugung	2,12	0,51	16	24	1,53	-27,7%	0,46	1,62	-23,3%	0,53
Problemorientierung	2,25	0,41	17	24	1,46	-35,0%	0,32	1,51	-33,0%	0,32
Risikoneigung	2,03	0,48	23	12	1,14	-43,7%	0,32	1,30	-36,1%	0,34
Durchsetzungsvermögen	2,08	0,63	36	24	1,58	-23,9%	0,40	1,64	-21,3%	0,39
Gesamt	2,13	0,51			1,49	-30,3%	0,41	1,59	-25,5%	0,41

Zur weiteren Differenzierung der Ergebnisse werden im Anschluss die 15 Einzelitems in der Tabelle 4 mit den bereits in Tabelle 3 benutzten Maßzahlen ausgewertet.

Dabei werden die Items in ihrer Reihenfolge auf dem Fragebogen wiedergegeben, um auch mögliche hieraus resultierende Effekte nachvollziehen zu können.

Die Zuordnung der Items zu den fünf unternehmerischen Fähigkeiten/Merkmalen (vgl. Abs. 3.2) ist dabei wie folgt:

Leistungsmotivationsstärke

a) Fähigkeit, Herausforderungen anzunehmen

h) Bereitschaft, freiwillig Aufgaben zu übernehmen

l) Fähigkeit, Zufriedenheit aus bewältigten Aufgaben zu gewinnen

Internale Kontrollüberzeugung

  e) Fähigkeit, Initiative zu ergreife, packt selbst gern an

  i) Fähigkeit zur starken Machbarkeitsüberzeugung

  m) Streben nach Selbständigkeit in der Arbeit

Problemorientierung

  d) Problemlösekompetenz

  j) Fähigkeit zur guten Bewältigung von Nicht-Routine-Aufgaben

  o) Fähigkeit, in Problemen zuerst eine lösbare Aufgabe zu sehen

Risikoneigung

  c) Nervenstärke, psychische Belastbarkeit

  f) Fähigkeit zur realistischen Risikobewertung

  n) Fähigkeit zur angemessenen Risikoverteilung / Risikoeignung

Durchsetzungsvermögen

  b) Fähigkeit zum kooperativen Verhalten

  g) Fähigkeit zur angemessenen sozialen Unempfindlichkeit

  k) Fähigkeit z. situationsgerechten u. verantwortungsvollem Verhalten

Die Nummerierung „a) ... o)" gibt die Position des Items im Fragebogen wieder.

Tabelle 4: Mittelwerte und Varianzen der 15 Items bezogen auf ihre allgemeine Bedeutung, sowie ihren wahrgenommenen Ausprägungen bei Hochschulabsolventen/innen allgemein und bei den Absolventen/innen der Hochschule Wismar sowie die Häufigkeit, mit der diese Fähigkeiten als unverzichtbar bzw. entbehrlich bewertet wurden

Wie wichtig / ausgeprägt sind folgende Fähigkeiten?	Bedeutsamkeit unternehmerischer Kompetenzen für HS-Absolventen 109 Befragungsteilnehmer				Wahrgenommene Ausprägung über alle HS-Absolventen 44 Befragungsteilnehmer			Wahrgenommene Ausprägung bei den Absolventen der HSW 22 Befragungsteilnehmer		
	Mittelwert ø-Soll	Varianz σ²-SOLL	Auf diese Fähigkeit kann beim Berufseinstieg am ehesten verzichtet werden	Auf diese Fähigkeit kann auf keinen Fall verzichtet werden	Mittelwert ø-IST_alle_HS	Abweichung vom Mittelwert ø-Soll	Varianz σ²-IST_alle_HS	Mittelwert ø-IST_HSW	Abweichung vom Mittelwert ø-Soll	Varianz σ²-IST_HSW
a) Fähigkeit, Heraus-forderungen anzunehmen	2,37	0,38	2	19	1,60	-32,4%	0,24	1,86	-21,8%	0,12
b) Fähigkeit zum kooperativen Verhalten	2,42	0,28	2	11	1,77	-27,0%	0,46	1,86	-23,3%	0,41
c) Nervenstärke, psychische Belastbarkeit	2,28	0,39	1	10	1,24	-45,8%	0,32	1,40	-38,7%	0,24
d) Problemlösekompetenz	2,39	0,37	2	10	1,66	-30,7%	0,27	1,55	-35,3%	0,25
e) Fähigkeit, Initiative zu ergreifen, packt selbst gern an	2,31	0,45	2	14	1,55	-33,1%	0,44	1,71	-25,9%	0,39
f) Fähigkeit zur realistischen Risikobewertung	1,93	0,49	12	1	1,02	-46,9%	0,35	1,19	-38,2%	0,34
g) Fähigkeit zur angemessenen sozialen Unempfindlichkeit	1,38	0,59	32	1	1,37	-0,5%	0,37	1,40	1,5%	0,44
h) Bereitschaft, freiwillig Aufgaben zu übernehmen	2,12	0,49	1	1	1,69	-20,3%	0,39	1,90	-10,3%	0,49
i) Fähigkeit zur starken Machbarkeitsüberzeugung	1,85	0,51	10	2	1,36	-26,4%	0,41	1,35	-27,2%	0,53

j) Gute Bewälti-gung von Nicht-Routine-Aufgaben	2,01	0,43	12	2	1,43	-28,7%	0,38	1,45	-27,8%	0,35
k) Situationsge-rechtes und ver-antwort.volles Verhalten	2,44	0,28	2	12	1,61	-34,0%	0,28	1,65	-32,5%	0,23
l) Zufriedenheit aus bewäl-tigten Aufgaben gewin-nen	2,06	0,49	10	2	1,81	-12,1%	0,43	1,86	-10,1%	0,31
m) Streben nach Selbständigkeit in der Arbeit	2,18	0,44	4	8	1,68	-23,0%	0,49	1,80	-17,6%	0,56
n) Fähigkeit zur angemesse-nen Risikoverteilung & Risikoneigung	1,87	0,46	10	1	1,16	-37,9%	0,28	1,30	-30,5%	0,41
o) In Problemen zunächst eine lösbare Aufgabe zu sehen	2,35	0,34	3	12	1,30	-44,8%	0,25	1,52	-35,1%	0,34

Im fünften Fragenkomplex sollten sich die Teilnehmer/innen zu den Beschäf-tigungschancen der Hochschule Wismar Absolventen und das mögliche Inte-resse der durch die Teilnehmer/innen vertretenen Unternehmen an einer Be-treuung von Studierenden der Hochschule Wismar und späteren Einstel-lungschancen äußern.

Zunächst ist nach Tabelle 5 festzustellen, dass für alle Studienrichtungen an der Hochschule Wismar Markt- und/oder Beschäftigungschancen gesehen wurden. Die quantitativen Unterschiede zwischen den Fakultäten und Stu-dienrichtungen entsprechen nur zum Teil dem Verhältnis der Studierenden-zahlen in den Studienrichtungen (Studienrichtung „Management Soziale Dienste" wird an der Hochschule Wismar seit 2009 nicht mehr gelehrt). So studierten im WS 2009 an der Fakultät Gestaltung 17% (614) der Direktstu-denten, an der Fakultät Wirtschafts-wissenschaften 34% (1.208) und an der Fakultät Ingenieurswissenschaften 49% (1.757).

Tabelle 5: Wahrgenommene Arbeitsmarktchancen für die Studienrichtungen (Stand 2008) der Hochschule Wismar

Gibt es nach Ihrer Meinung in Ihrer Branche bzw. in Ihrer Firma Beschäftigungs- und/oder Gründungschancen für Absolventen/innen der HSW *(bitte ankreuzen)?*			
Fakultät Gestaltung	Architectural Lighting Design	3	
	Architektur	5	
	Architektur & Umwelt	3	
	Innenarchitektur	3	46
	Kommunikationsdesign & Medien	20	
	Produktdesign	10	
	Schmuckdesign	2	
Fakultät Wirtschafts- wissenschaften	Betriebswirtschaft	50	
	Wirtschaftsinformatik	37	127
	Wirtschaftsrecht	23	
	Managem. Sozialer Dienste	17	
Fakultät Ingenieurs- wissenschaften	Bauingenieurwesen	8	
	Elektrotechnik u. Informatik	26	
	Maschinenbau	20	67
	Verfahrens- u. Uwelttechnik	8	
	Seefahrt	5	

Bei der Mehrzahl der Befragungsteilnehmer besteht die Bereitschaft zur Betreuung studentischer Projekte, Praktika oder Karrierewege. Dies wurde als Beleg für die gute regionale Vernetzung und Akzeptanz der Hochschule Wismar und das Interesse der Wirtschaft an den hier ausgebildeten Absolventen/innen gewertet.

Tabelle 6: Interesse der Befragungsteilnehmer/innen bzw. deren Unternehmen an einer Betreuung und/oder Beschäftigung von Absolventen/innen der Hochschule Wismar

Haben Sie selbst bzw. Ihr Unternehmen Interesse daran, für Studierende der Hochschule Wismar (*Mehrfachnennungen möglich*) …			
Praktikumsplätze vergeben		41	
student. Projekte unterstützen		30	
Themen Bachelor / Master-Arbeiten		26	120
Bachelor/Masterarb. Betreuen		22	
mehrjährige Karrierebegleit.		1	
Falls ja, für welche Studienrichtungen (*bitte ankreuzen*)?			
Fakultät Gestaltung	Architectural Lighting Design	1	
	Architektur	3	
	Architektur & Umwelt	1	
	Innenarchitektur	1	22
	Kommunikationsdesign & Medien	12	
	Produktdesign	4	
	Schmuckdesign	0	
Fakultät Wirtschafts- wissenschaften	Betriebswirtschaft	39	
	Wirtschaftsinformatik	30	99
	Wirtschaftsrecht	15	
	Managem. Sozialer Dienste	15	
Fakultät Ingenieurs- wissenschaften	Bauingenieurwesen	5	
	Elektrotechnik u. Informatik	17	
	Maschinenbau	15	43
	Verfahrens- u. Uwelttechnik	4	
	Seefahrt	2	

6. Schlussfolgerungen

In diesem Abschnitt liegt der Hauptaspekt auf der Betrachtung der drei Fragenkomplexe mit Hilfe graphischer Auswertungen (Säulendiagramme). Gleichzeitig werden die aus den Ergebnissen ableitbaren Schlussfolgerungen gezogen:

A. Wie werden die fünf Teilmerkmale der Unternehmerischen Kompetenz hinsichtlich ihrer Bedeutsamkeit für Hochschulabsolventen/innen allgemein zum Zeitpunkt ihres Berufseinstieges gewertet?

B. Wie groß ist die wahrgenommene Diskrepanz zwischen der eingeschätzten Bedeutsamkeit der Merkmale und ihrer Ausprägung bei Hochschulabsolventen/innen allgemein.

Und wie schlagen sich in diesem Vergleich die Absolventen/innen der Hochschule Wismar?

C. Gibt es zwischen den drei im Fragebogen benutzten Items zu jedem der fünf Teilmerkmale Differenzierungen, die Ansätze für die Weiterentwicklung der Gründungslehre liefern?

Zu A.

Für Aussagen zur Relevanz der fünf Teilmerkmale der Unternehmerischen Kompetenz für Hochschulabsolventen/innen bei Berufseintritt wurden die berechneten (arithmetischen) Mittelwerte (vgl. Abb. 1) und die Streuungen (Varianzen) der Bewertungen (vgl. Abb. 2) benutzt.

Zusätzlich wurden die Antworten der Befragungsteilnehmer/innen, auf welche Merkmale beim Berufseintritt für Hochschulabsolventen/innen am ehesten verzichtet bzw. auf welche auf keinen Fall verzichtet werden kann (vgl. Abb. 3), betrachtet. Zu diesen beiden Fragen durfte jeweils nur eine einzige Antwort unter den 15 Items ausgewählt werden.

Die fünf Teilmerkmale des Modells der Unternehmerischen Kompetenz erreichen hinsichtlich der eingeschätzten Bedeutsamkeit für Hochschul-Absolventen/innen die in Abb. 1 dargestellte Rangfolge.

Es ist anzunehmen, dass die am höchsten bewerteten Merkmale aus Sicht der Unternehmen die höchste Bedeutung für die Karrierechancen von Hochschul-Absolventen/innen beim und kurz nach dem Berufseinstieg haben.

Durch die Befragungsteilnehmer/innen wurde der Problemorientierung die höchste und der Risikoneigung die niedrigste Bedeutsamkeit zugeschrieben. Allerdings lagen die Mittelwerte bei einem möglichen Minimalwert von 0,0 und einem möglichen Maximalwert von 3,0 sämtliche fünf über 2,0.

Auf die Differenzierung zwischen den jeweiligen drei verwendeten Items eines Teilmerkmals gehen wir später unter C. in diesem Abschnitt ein.

Hinsichtlich der Streuung ergab sich eine andere Reihenfolge der fünf Merkmale.

Eine geringe Streuung in den Bewertungen eines Merkmals durch die 109 Befragungsteilnehmer/innen bedeutet eine hohe Übereinstimmung unter unseren Befragungsteilnehmer/innen. Dies deutet auf eine hohe Stabilität der Wertung aus Sicht der Praktiker und Personalverantwortlichen hin. In diesem Falle kann mit hoher Wahrscheinlichkeit angenommen werden, dass eine entsprechende Merkmalsausprägung die Praxistauglichkeit und Karrierechancen von HS-Absolventen/innen in jedem Fall verbessert.

In der Untersuchung erreichte das am höchsten bewertete Merkmal Problemorientierung auch die geringste Streuung.

Die höchste Streuung der Bewertungen hatte das am zweitniedrigsten eingestufte Merkmal Durchsetzungsvermögen.

Abb. 1: Mittelwerte der Bewertung der fünf Teilmerkmale hinsichtlich Ihrer Bedeutung für Hochschulabsolventen/innen allgemein

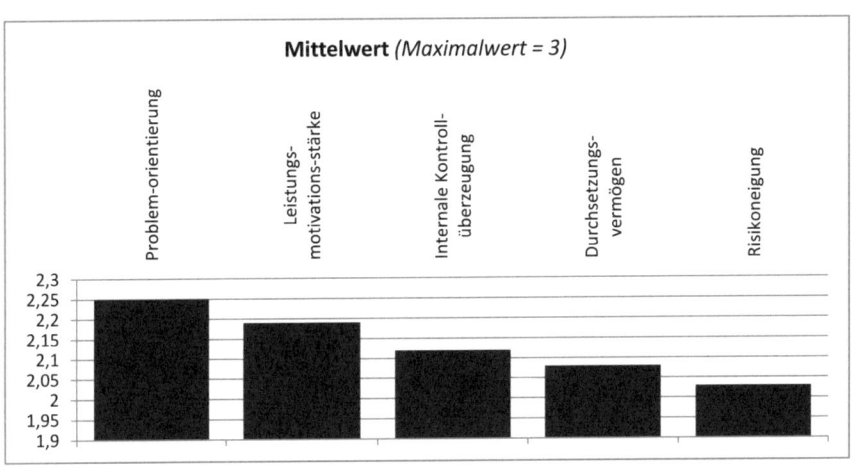

Abb. 2: Streuungen (Varianzen) der Bewertung der fünf Teilmerkmale hinsichtlich Ihrer Bedeutung für Hochschulabsolventen/innen allgemein

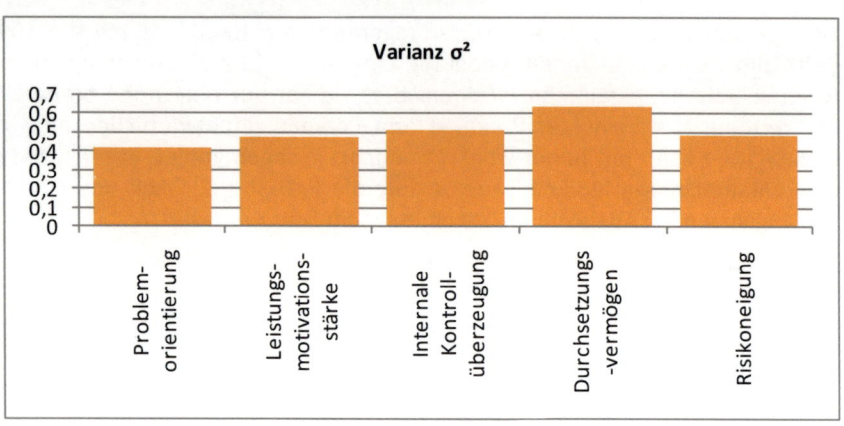

Die Betrachtung der eingeschätzten Bedeutsamkeit und ihrer Streuung innerhalb der Stichprobe wurde in Abb. 3 um die Häufigkeit der Aussagen, auf welches Merkmal beim Berufseintritt von Hochschulabsolventen/innen am ehesten verzichtet bzw. auf welches auf keinen Fall verzichtet werden kann, ergänzt. Die Befragungsteilnehmer/innen hatten hierzu aus den 15 Items (je drei für jedes Teilmerkmal) genau eins als am ehesten verzichtbar bzw. unverzichtbar zu kennzeichnen. Die überwiegende Mehrheit (105 von 109 Teilnehmer/innen) hat diese Frage entsprechend der Aufgabenstellung korrekt bearbeitet.

Die drei Teilmerkmale mit den höchsten mittleren Bewertungen – Problemorientierung, Leistungsmotivationsstärke und Internale Kontrollüberzeugung – werden häufiger als unverzichtbar denn als verzichtbar für HS-Berufseinsteiger/innen beurteilt. Das größte positive Saldo aus der Anzahl der Bewertungen „unverzichtbar" und „am ehesten verzichtbar" erreicht die Leistungsmotivationsstärke.

Die beiden Merkmale mit den niedrigsten mittleren Bewertungen – Durchsetzungsvermögen und Risikoneigung – wurden dagegen häufiger als am ehesten verzichtbar denn als unverzichtbar beurteilt.

Die vier Merkmale Problemorientierung, Leistungsmotivationsstärke, Internale Kontrollüberzeugung erhielten etwa gleich viele Beurteilungen als unverzichtbar (22 bzw. 24). Lediglich die Risikoneigung erhielt mit 12 deutlich weniger Beurteilungen als unverzichtbar.

Die negative Gesamtbeurteilung für das Durchsetzungsvermögen ergibt sich, weil es wesentlich häufiger als am ehesten verzichtbar beurteilt wurde als alle anderen.

Abb. 3: Anzahl der Wertungen, auf welches Merkmal beim Berufseintritt von Hochschulabsolventen/innen am ehesten verzichtet bzw. auf welches auf keinen Fall verzichtet werden kann

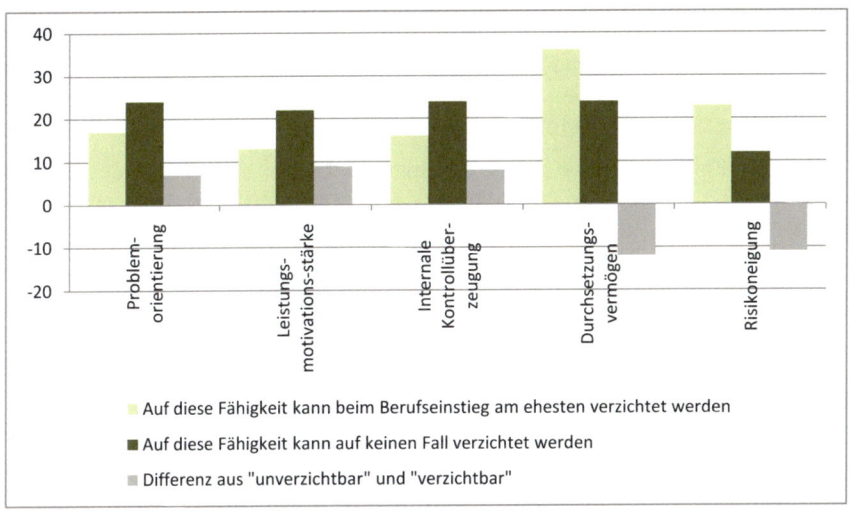

Fazit:

Zwischen den in der Untersuchung benutzten fünf Merkmalen der Unternehmerischen Kompetenz ist eine Differenzierung in der Beurteilung durch die befragten Unternehmer/innen und Führungskräfte zu erkennen.

Die beiden Merkmale Problemorientierung und Leistungsmotivationsstärke werden hinsichtlich ihrer allgemeinen Bedeutsamkeit am höchsten bewertet und ihre Ergebnisse weisen die geringsten Streuungen auf. Zudem werden sie häufiger als unverzichtbar denn als verzichtbar beurteilt. Hieraus lässt sich schließen, dass die Vermittlung dieser Fähigkeiten die Karrierechancen von Hochschul-Absolventen/innen mit hoher Wahrscheinlichkeit am stärksten positiv beeinflusst.

Das Merkmal Internale Kontrollüberzeugung erreicht im Vergleich zu den anderen vier Merklmalen eine mittlere allgemeine Bedeutsamkeit und die zweithöchste Streuung in den Aussagen. Es wird ebenfalls häufiger als unverzichtbar denn als verzichtbar beurteilt. Es lässt sich schlussfolgern, dass dieser Fähigkeit ebenfalls eine hohe Bedeutung beim Berufseinstieg von Hochschul-Absolventen/innen zukommt, jedoch seine Beurteilung durch Personalentscheider/innen möglicherweise stärker variiert als für die ersten beiden Merkmale.

Die beiden Merkmale Durchsetzungsvermögen und Risikoneigung erreichen die beiden niedrigsten allgemeinen Bedeutsamkeiten aus Sicht der Befragungsteilnehmer/innen und werden zudem im Gegensatz zu den ersten drei Merkmalen häufiger als eher verzichtbar denn als unverzichtbar eingestuft.

Hier ist zu vermuten, dass diese Merkmale aus Sicht der Praktiker leichter auch noch im späteren Berufsleben entwickelt werden können und deshalb für den Berufseinstieg nicht den Stellenwert wie zum Beispiel die Leistungsmotivationsstärke erreichen.

Eine Differenzierung zwischen den Merkmalen Durchsetzungsvermögen und Risikoneigung ist aus der Anzahl der Nennungen als am ehesten verzichtbar bzw. unverzichtbar erkennbar.

Das Merkmal Durchsetzungsvermögen scheint die Befragungsteilnehmer/innen am stärksten zu polarisieren. Es erreicht die absolut höchste Anzahl Nennungen als am ehesten verzichtbar, aber ebenso auch die (mit-) höchste Anzahl Nennungen als unverzichtbar.

Für die Weiterentwicklung der Gründungslehre an der Hochschule Wismar ist deshalb die Ausrichtung auf didaktische Ansätze sinnvoll und notwendig, die vorrangig die Fähigkeiten Problemorientierung, Leistungsmotivationsstärke und Internale Kontrollüberzeugung stärken.

Zu B.

Zur Veranschaulichung der wahrgenommene Diskrepanz zwischen der eingeschätzten Bedeutsamkeit der fünf Teilmerkmale (SOLL-Werte) und ihrer Ausprägung bei Hochschul-Absolventen/innen allgemein sowie bei den Absolventen/innen der Hochschule Wismar werden in Abb. 4 zunächst die jeweiligen Mittelwerte nebeneinander gestellt. Hier ist zu erkennen, dass die wahrgenommenen Ausprägungen stets unter der geschätzten Bedeutsamkeit liegen.

Die Absolventen/innen der Hochschule Wismar erreichen in allen fünf Merkmalen etwas bessere Werte als die Absolventen/innen allgemein. Bei der Interpretation dieser Ergebnisse sind allerdings die unterschiedlichen Stichprobenumfänge (109/44/22) zu berücksichtigen.

Abb. 4: Mittelwerte der Bewertung der fünf Teilmerkmale hinsichtlich ihrer allgemeinen Bedeutung für Hochschulabsolventen/innen im Vergleich mit deren wahrgenommenen Ausprägung bei allen Hochschulabsolventen/innen und speziell bei den Absolventen/innen der Hochschule Wismar

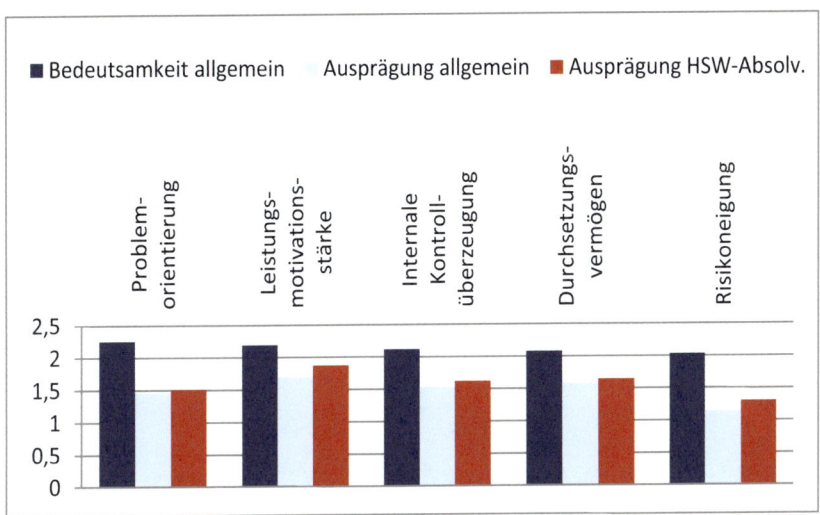

In Abb. 4 wird zudem erkennbar, dass der Grad der Abweichungen der wahrgenommenen Merkmalsausprägungen von den SOLL-Werten zwischen den fünf Merkmalen variiert. Gleiches gilt für die Unterschiede der Mittelwerte bei HS-Absolventen/innen allgemein und denen der HS Wismar. Um dies deutlicher darzustellen werden in Abb. 5 die Abweichungen der wahrgenommenen Merkmalsausprägungen von den SOLL-Werten prozentual zu diesen dargestellt.

Abb. 5: Prozentuale Abweichung der wahrgenommenen Ausprägung unternehmerischer Teilkompetenzen bei allen Hochschulabsolventen/innen und bei den Absolventen/innen der Hochschule vom eingeschätzten SOLL-Wert

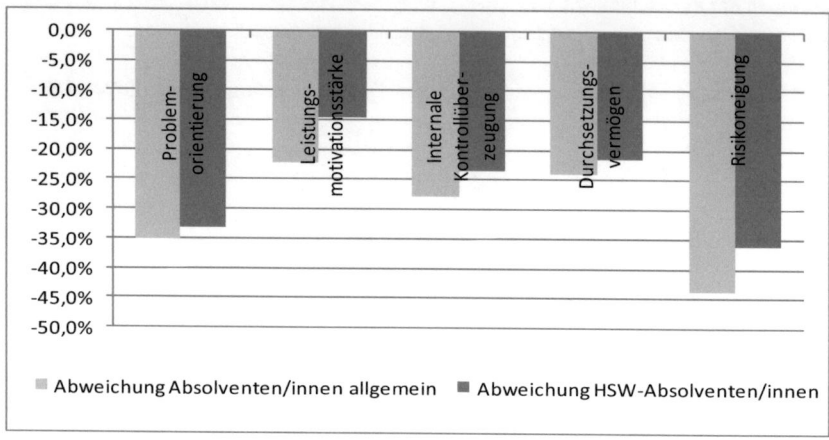

Hier zeigt sich deutlich, dass die geringsten wahrgenommenen Unterschreitungen der SOLL-Werte beim Merkmal Leistungsmotivationsstärke auftreten, und dass für dieses Merkmal die HSW-Absolventen/innen die geringste Differenz zum SOLL-Wert bei allen fünf Merkmalen erreichen.

Die größten prozentualen Abweichungen vom SOLL-Wert weisen die wahrgenommenen Ausprägungen der Risikoneigung auf.

Die Problemorientierung – das bzgl. seiner allgemeinen Bedeutsamkeit im Mittel am höchsten bewertete Merkmal – weist bei den wahrgenommenen Ausprägungen die zweitgrößte Abweichung von dem SOLL-Wert auf.

Zur Darstellung des relativen „Vorsprunges" der Hochschule Wismar Absolventen/innen gegenüber allen anderen Absolventen/innen werden in Abb. 6 die prozentualen Unterschiede zwischen beiden Gruppen (Absolventen/innen allgemein = 100%) betrachtet. Hier zeigt sich, dass die Absolventen/innen der Hochschule Wismar am Besten in den Merkmalen Leistungsmotivationsstärke und Risikoneigung abschneiden. Gleichzeitig ist jedoch festzustellen, dass ihre in der Befragung wahrgenommene Überlegenheit in dem als am bedeutsamsten (höchster Mittelwert) eingeschätzten Merkmal Problemorientierung unter allen fünf Merkmalen am geringsten ausfällt.

Abb. 6: Prozentuale Abweichung (= näher am SOLL-Wert) der wahrgenommenen Ausprägung unternehmerischer Teilkompetenzen bei den Absolventen/innen der Hochschule von der wahrgenommenen Ausprägung bei allen Hochschulabsolventen/innen

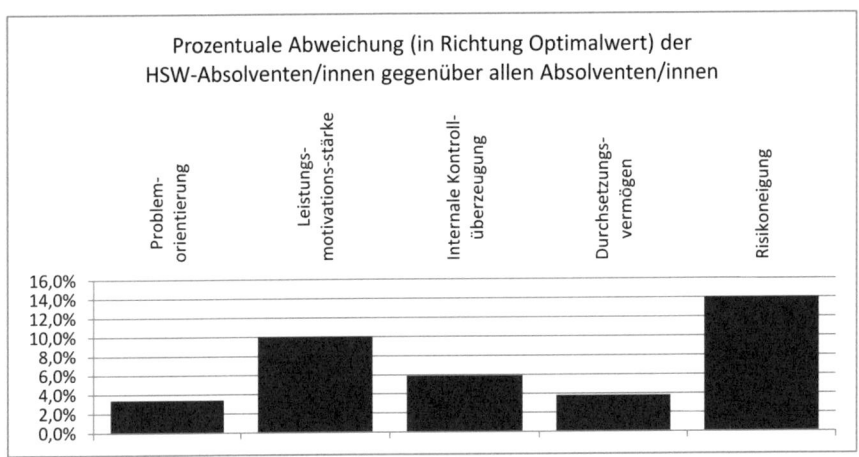

Fazit:

Die Ergebnisse können als Bestätigung für den Erfolg der Hochschule Wismar auf ihrem Weg zur unternehmerischen Hochschule gewertet werden. Zumindest in Teilbereichen der Unternehmerischen Kompetenz (wie der Leistungsmotivationsstärke) gelingt es hier, über ihr jeweiliges Fachgebiet hinaus Absolventen/innen auch mit unternehmerischen Kompetenzen auszustatten.

Um sich noch stärker als unternehmerische Hochschule zu profilieren und der Wirtschaft auch unternehmerisch ambitionierte Absolventen/innen zur Verfügung zu stellen, sind die didaktischen und methodischen Ansätze zur Entwicklung der Problemorientierung zu verstärken.

Zu C.

Abschließend werden für jedes einzelne der fünf Teilmerkmale die Ergebnisse zu den verwendeten drei Items dieses Merkmals betrachtet. Aus dieser Betrachtung können differenziertere Ansätze für das didaktische und methodische Vorgehen in der Gründerlehre entwickelt werden. Der Focus soll dabei auf die Aspekte gelegt werden, die unseren künftigen Absolventen/innen einen optimalen Berufseinstieg und beste Karrierechancen als Führungskräfte oder Unternehmer/innen ermöglichen.

Zu vergleichen sind die Mittelwerte der Bewertungen der Items zur allgemeinen Bedeutsamkeit und zur wahrgenommenen Ausprägung für alle Hochschul-Absolventen/innen (Allgemeinheit) und für die Absolventen/innen der Hochschule Wismar. Zur Orientierung wird die bereits unter A. betrachtete Zusammenfassung (Merkmal gesamt) in einer transparenten Darstellung mit angegeben.

Ergänzend zu den Mittelwerten sind weiterhin die Häufigkeiten der Aussagen, auf welches Item beim Berufseintritt von Hochschulabsolventen/innen am ehesten verzichtet bzw. auf welches auf keinen Fall verzichtet werden kann, zu betrachten.

Zum Merkmal Problemorientierung zeigen sich die Absolventen/innen der Hochschule Wismar nur in zwei Items der Allgemeinheit überlegen.

Abb. 7.1: Mittelwerte der Bewertung der drei Items zum Teilmerkmal Problemorientierung hinsichtlich ihrer allgemeinen Bedeutung für HS-Absolventen/innen im Vergleich mit deren wahrgenommenen Ausprägung bei allen HS-Absolventen/innen und speziell bei den Absolventen/innen der HS Wismar

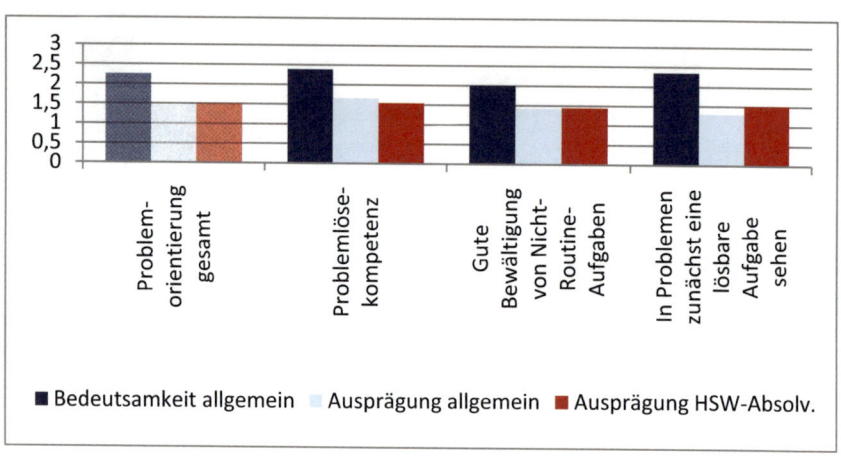

Abb. 7.2: Anzahl der Wertungen in den drei Items zum Teilmerkmal Problemorientierung, auf welches Merkmal beim Berufseintritt von HS-Absolventen/innen am ehesten verzichtet bzw. auf welches auf keinen Fall verzichtet werden kann

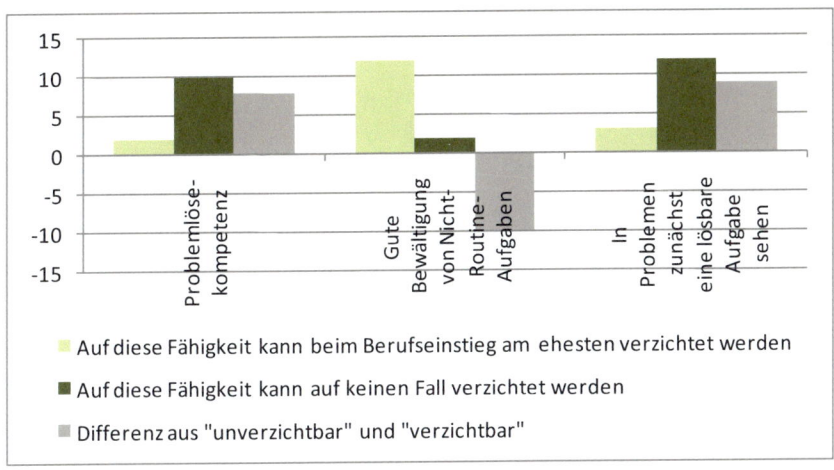

Bezüglich des Item Problemlösekompetenz erreichen sie nur einen leicht unter der Allgemeinheit liegenden Mittelwert. Da dieses Item gleichzeitig als häufiger unverzichtbar denn eher unverzichtbar beurteilt wurde, ist diese Abweichung unbedingt zu beachten.

Im Item Gute Bewältigung von Nicht-Routine-Aufgaben sind die Ergebnisse für die Absolventen/innen der Hochschule Wismar und die Allgemeinheit fast identisch. Allerdings wird dieses Item mit deutlichem Abstand am häufigsten als eher verzichtbar beurteilt.

Die besten Ergebnisse, d.h. den größten Vorsprung erreichen die Absolventen/innen der Hochschule Wismar im Item In Problemen zunächst eine lösbare Aufgabe sehen. Dieses Item wurde gegenüber den anderen beiden auch häufiger als unverzichtbar beurteilt und erhielt die größte positive Differenz der Nennungen unverzichtbar und am ehesten verzichtbar. Offenbar gehen die Absolventen/innen der Hochschule Wismar aus Sicht der Befragungsteilnehmer/innen mit einer positiven Einstellung zur Sachaufgabe und den eigenen Lösungskompetenzen heran. An dieser Stärke ist anzusetzen, um auch eine höhere Problemlösekompetenz zu entwickeln.

Zum Merkmal Leistungsmotivationsstärke zeigen sich die Absolventen/innen der Hochschule Wismar in allen drei Items der Allgemeinheit überlegen. Dieser Vorsprung ist am größten in der Fähigkeit, Herausforderungen anzunehmen. Allerdings ist in diesem Item auch der Abstand zum SOLL-Wert größer als bei den anderen beiden Items. Die besondere Bedeutung dieses Items zeigt

Abb. 8.1: Mittelwerte der Bewertung der drei Items zum Teilmerkmal Leistungsmotivationsstärke hinsichtlich ihrer allgemeinen Bedeutung für HS-Absolventen/innen im Vergleich mit deren wahrgenommenen Ausprägung bei allen HS-Absolventen/innen und speziell bei den Absolventen/innen der HS Wismar

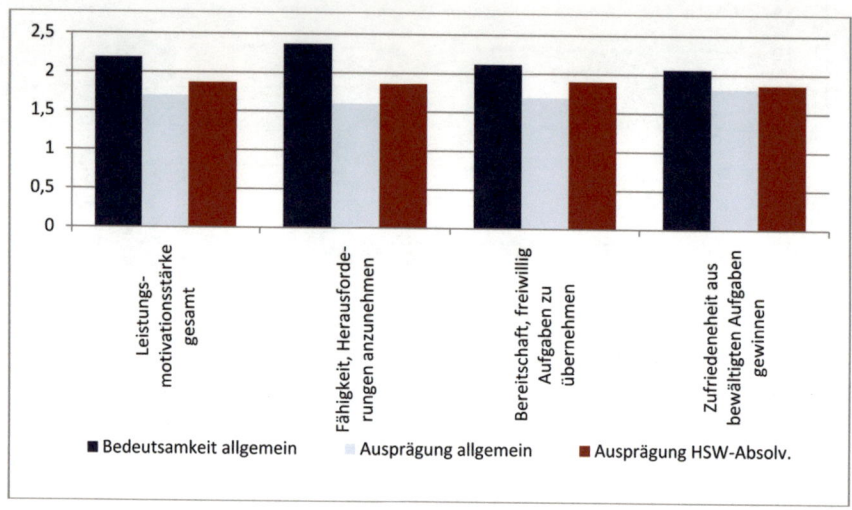

Abb. 8.2: Anzahl der Wertungen in den drei Items zum Teilmerkmal Leistungsmotivationsstärke, auf welches Merkmal beim Berufseintritt von HS-Absolventen/innen am ehesten verzichtet bzw. auf welches auf keinen Fall verzichtet werden kann sich zudem in seiner Differenz aus den Nennungen unverzichtbar und am ehesten verzichtbar. Hier erreicht es als einziges der drei Items einen deutlichen positiven Wert.

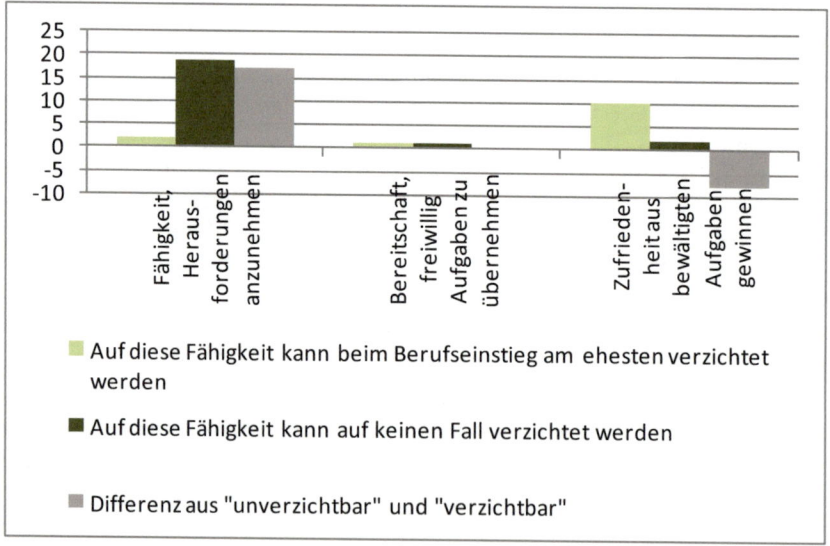

Zum Merkmal Internale Kontrollüberzeugung zeigen sich die Absolventen/innen der Hochschule Wismar wie schon bei der Problemorientierung in nur zwei der drei Items der Allgemeinheit überlegen. Lediglich im Item Fähigkeit zur starken Machbarkeitsüberzeugung erreichen die Absolventen/innen der Hochschule Wismar einen minimal kleineren Wert als die Allgemeinheit. Dieses Item wird jedoch als einziges der drei Items häufiger als eher verzichtbar beurteilt.

Die größte Bedeutung (größter Mittelwert) wird dem Item Fähigkeit, Initiative zu ergreifen zugeschrieben. Dieses Item erreicht auch die die höchste Anzahl Nennungen als unverzichtbar und die kleinste Anzahl Nennungen als eher verzichtbar. Offenbar genießt diese Fähigkeit bei den Praktikern die größte Wertschätzung. Den Studierenden der Hochschule Wismar sollten im Rahmen ihres Studiums weitere Möglichkeiten eingeräumt werden, diese Stärke auszubauen und positive Machbarkeitserfahrungen zu sammeln.

Abb. 9.1: Mittelwerte der Bewertung der drei Items zum Teilmerkmal Internale Kontrollüberzeugung hinsichtlich ihrer allgemeinen Bedeutung für HS-Absolventen/innen im Vergleich mit deren wahrgenommenen Ausprägung bei allen HS-Absolventen/innen und speziell bei den Absolventen/innen der HS Wismar

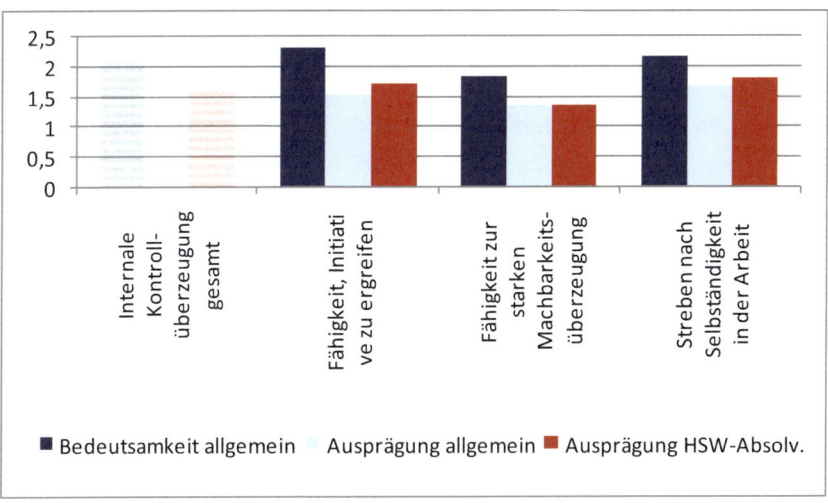

Abb. 9.2: Anzahl der Wertungen in den drei Items zum Teilmerkmal Internale Kontrollüberzeugung, auf welches Merkmal beim Berufseintritt von HS-Absolventen/innen am ehesten verzichtet bzw. auf welches auf keinen Fall verzichtet werden kann

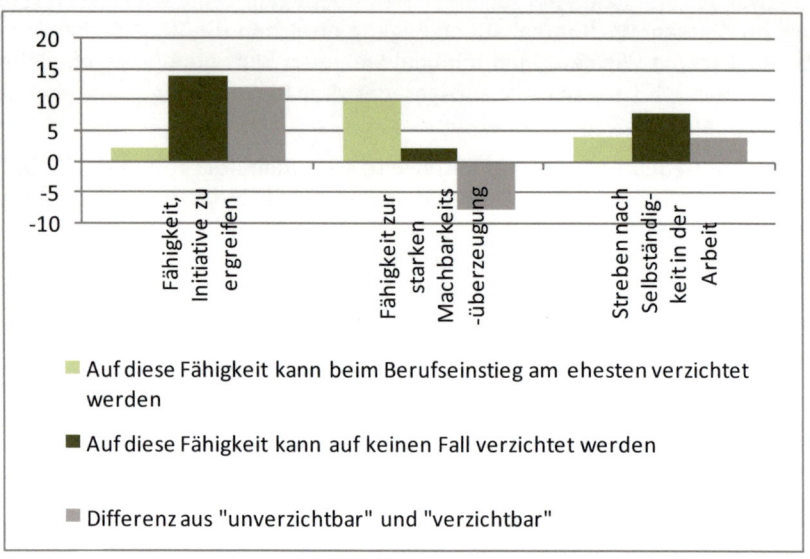

Zum Merkmal <u>Durchsetzungsvermögen</u> zeigen sich die HSW-Absolventen/innen in allen drei Items – wenn auch nur leicht – der Allgemeinheit überlegen.

Für dieses Merkmal ist mit dem Item Fähigkeit zur angemessenen sozialen Unempfindlichkeit der einzige Fall in der Untersuchung zu finden, in dem die wahrgenommenen Ausprägungen bei der Allgemeinheit und den Absolventen/innen der Hochschule Wismar praktisch identisch mit der SOLL-Bewertung sind. Allerdings wird dieses Item deutlich als eher verzichtbar für Berufseinsteiger beurteilt. Dies kann verwundern, da diese Fähigkeit für alle Führungskräfte hilfreich ist, die auch Personalentscheidungen zu treffen haben. Es kann daher vermutet werden, dass aus Sicht der Praktiker dies eine im späteren Berufsleben erlernbare Fähigkeit ist und deshalb bei Hochschul-Absolventen/innen nicht zwingend erwartet wird.

Abb. 10.1: Mittelwerte der Bewertung der drei Items zum Teilmerkmal Durchsetzungsvermögen hinsichtlich ihrer allgemeinen Bedeutung für HS-Absolventen/innen im Vergleich mit deren wahrgenommenen Ausprägung bei allen HS-Absolventen/innen und speziell bei den Absolventen/innen der HS Wismar

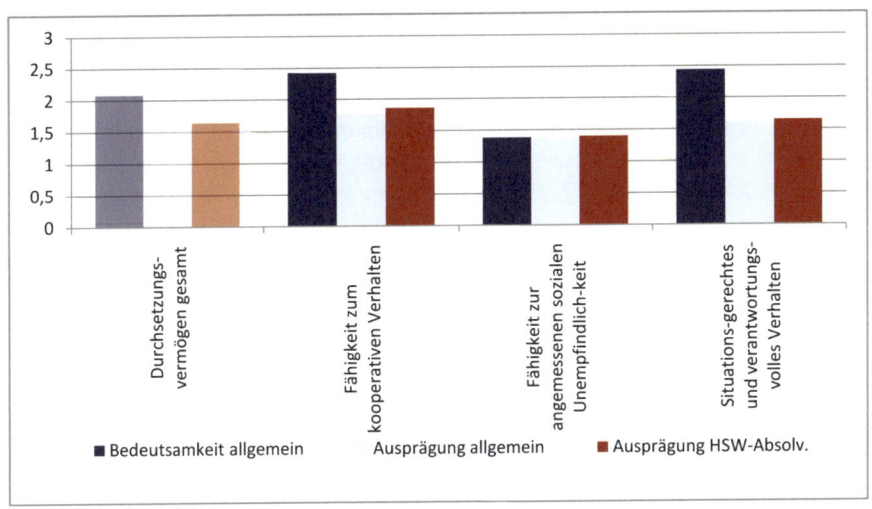

Abb. 10.2: Anzahl der Wertungen in den drei Items zum TeilmerkmalDurchsetzungsvermögen, auf welches Merkmal beim Berufseintritt von HS-Absolventen/innen am ehesten verzichtet bzw. auf welches auf keinen Fall verzichtet werden kann

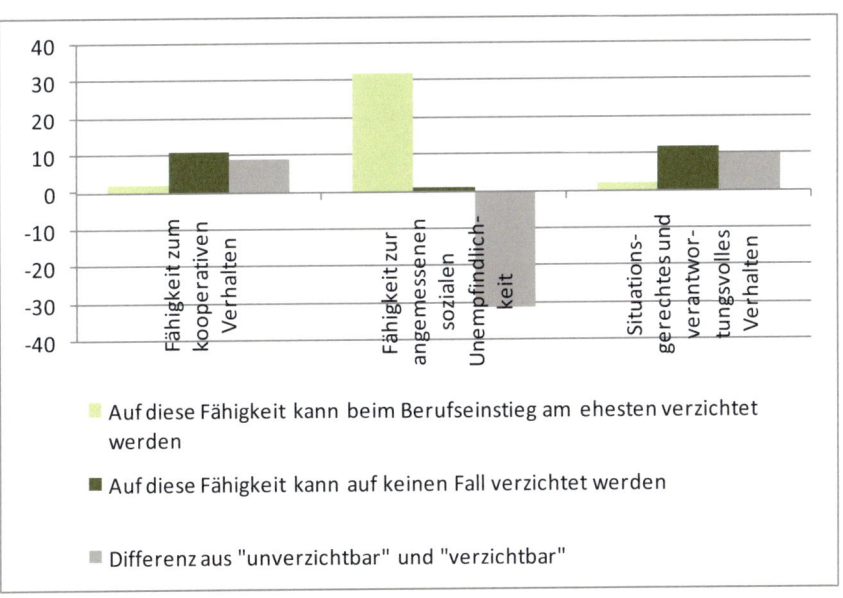

Der bereits anzunehmende Vorsprung in der Fähigkeit zum kooperativen Verhalten kann durch ein erweitertes Angebot von, im Studium eingebettete Fachbereichs- und Fakultäts-übergreifende Aufgabenstellungen noch forciert werden. Die interdisziplinären studentischen Forschungs- und Entwicklungsteams an der Hochschule Wismar (vgl. Grünwald u.a. 2010 (1)) sind hierfür sehr gute Ansätze und werden ausgebaut.

Zum Merkmal Risikoneigung zeigen sich die Absolventen/innen der Hochschule Wismar in allen drei Items der Allgemeinheit deutlich überlegen. In diesem Merkmal erreichen die HSW-Absolventen/innen – wie unter B. gezeigt – den größten prozentualen Vorsprung gegenüber der Allgemeinheit.

Hervorzuheben ist das Item Nervenstärke, psychische Belastbarkeit, dem durch die Befragungsteilnehmer/innen die höchste Bedeutsamkeit zugeordnet wird. Gleichzeitig wird es als einziges Item der Risikoneigung deutlich als unverzichtbar beurteilt. Die beiden anderen Items werden als eher verzichtbar eingestuft.

Es ist zu vermuten, dass den Berufseinsteigern/innen die Fähigkeiten zur realistischen Risikobewertung und zur angemessenen Risikoverteilung, welche beide entsprechende Erfahrungen voraussetzen, eher nicht zugetraut werden und dass es den Praktikern möglich erscheint, diese Fähigkeiten mit wachsendem Erfahrungswissen im Berufsleben zu erwerben. Die grundsätzliche psychische Belastbarkeit wird dagegen als ein Persönlichkeitsmerkmal angesehen, welches bereits während der Ausbildung ausgeprägt sein sollte.

Abb. 11.1: Mittelwerte der Bewertung der drei Items zum Teilmerkmal Risikoneigung hinsichtlich ihrer allgemeinen Bedeutung für HS-Absolventen/innen im Vergleich mit deren wahrgenommenen Ausprägung bei allen HS-Absolventen/innen und speziell bei den Absolventen/innen der HS Wismar

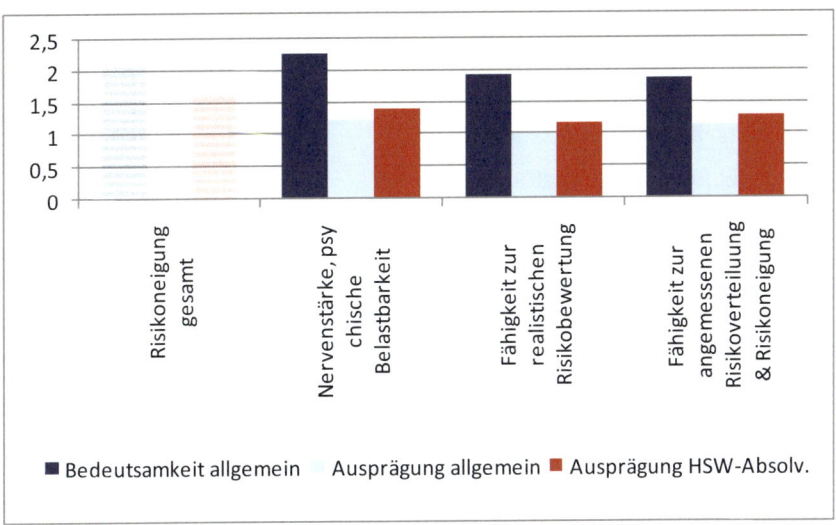

Abb. 11.2: Anzahl der Wertungen in den drei Items zum Teilmerkmal Risikoneigung, auf welches Merkmal beim Berufseintritt von HS-Absolventen/innen am ehesten verzichtet bzw. auf welches auf keinen Fall verzichtet werden kann

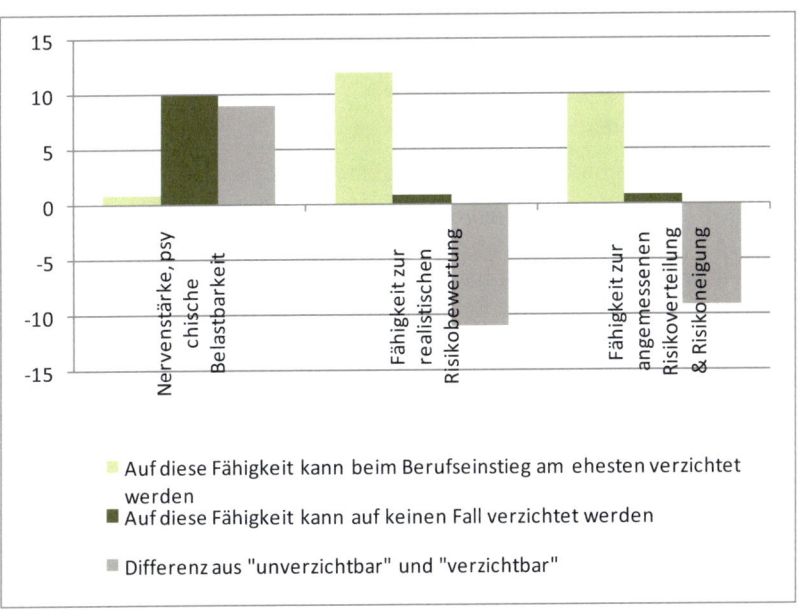

41

7. Fragestellung und Zielsetzung

Im Rahmen eines Fragebogens wurden die Studienanfänger an der Hochschule Wismar zu Studienmotivation und Unternehmertum befragt. Der Befragungszeitraum war der Herbst 2009. Insgesamt wurde 203 Studienanfängern ein Fragebogenset übergeben:

- Gestaltung 19
- Wirtschaftswissenschaften 119
- Ingenieurwissenschaften 65

Das Fragebogenset war innerhalb der Unterrichtseinheiten auszufüllen. Hierdurch konnten Verständnisfragen geklärt und ein eigenständiges Bearbeiten der Fragen gewährleistet werden.

Der Fragebogen gliedert sich in sieben Module, die sich im Wesentlichen an den Sozialisationsgruppen orientieren, d. h. Familie, Peergroup, Schule und Beruf, um nähere Informationen über die Einstellung der Studierenden zu erlangen.

„Sozialisation beinhaltet Lernphasen, in denen Individuen u. a. ihre soziale Identität, soziale Interaktionen, Rollenhandeln und vor allem das Sprechen und dessen Regeln erlernen."[9] Im Fragebogen werden demnach thematisiert:

1. Angaben zur Person
2. Angaben zum Elternhaus
3. Hobbys und Interessen
4. Angaben zur Schulzeit
5. Studien- und Ausbildungsmotivation
6. Zukunftsausblick
7. Gründe zur Verbleib nach dem Studium

Da häufig die These vertreten wird, dass Deutschland nicht Selbständigkeit und Unternehmertum fördert, wird u. a. im Fragebogen der Aspekt der Selbständigkeit akzentuiert. So formuliert Gerald Braun überspitzt: „In Deutschland herrscht keine Kultur der Selbständigkeit, sondern der Unselbständigkeit."[10]

Es wurde ebenfalls der Frage nachgegangen, ob es einen Zusammenhang zwischen Selbständigkeit und der Erziehung in Familie und Schule gibt, wie

---

[9]   Dittmar, N.: Soziolinguistik. Frankfurt/Main. 1973. S. 16.
       Vgl. Basil Bernstein: Social Class, Language and Socialization. In: Current Trends in Linguistics Vol. 12. Den Haag 1971.
[10]   Braun, G.; Diensberg, C. (Hrsg.): Unternehmertum. Eine Herausforderung für die Zukunft. In: Rostocker Arbeitspapiere zur Wirtschaftsentwicklung und Human Ressource Development Nr. 12. Rostock 1999. S. 7 ff.

er u. a. von Robert D. Hisrich, Michael P. Peters und Dean A. Shepherd in der Entrepreneurship-Forschung betont wird.[11]

Aufgrund des Umstands, dass der Mensch keine triviale Maschine, sondern ein komplexes System ist, wurden auch Fragen nach der kulturellen Sozialisation, Kreativität und Teamfähigkeit gestellt. Diese Merkmale sind nicht nur für unternehmerisches Denken und Handeln in der Wirtschaft, sondern auch innerhalb eines Unternehmens bedeutsam. Bei der Analyse zur Studien- und Ausbildungsmotivation wäre es zu kurz gegriffen, nur den Status Quo zu betrachten. Von daher ist es verständlich, dass Wirkfaktoren herausgestellt werden, die das Ergebnis belegen bzw. bewirkt haben. Zu diesen Wirkfaktoren gehören Lebenslage, Lebenssituation, Lebensbereich und Lebensverhältnisse.[12]

---

[11] Hisrich, R. D.; Peters, M. P. und Shepherd, D. A.: Entrepreneurship. New York 2005.
[12] Mogel, H.: Ökopsychologie. Berlin. 1984. S. 27 f.

8. Evaluation

Das Fragebogenset wurde größtenteils an der Fachhochschule für öffentliche Verwaltung, Polizei und Rechtspflege in Güstrow ausgewertet. Zurückzuführen ist dies auf den Umstand, dass das Fragebogenset dort entwickelt und zum ersten Mal auch dort im Jahr 2007 eingesetzt wurde. Damit hat die Fachhochschule Güstrow im Sinne einer internen Evaluierung Neuland betreten.

8.1 Angaben zur Person

Das Durchschnittsalter der Studienanfänger an der Hochschule Wismar liegt bei 22,81 Jahren. Von den befragten 203 Studienanfängern waren 63 weiblich und 140 männlich.

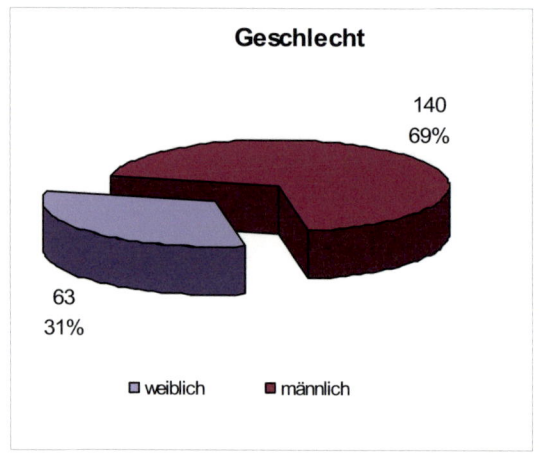

149 der Befragten gaben an, nicht einer Konfession zuzugehören. Dies ist u. a. aus der Erziehung bzw. der Einstellung der Eltern zur Religion herleitbar. Weitere Erklärungen liegen möglicherweise im Verhältnis des DDR-Staates zur Religion vor der Wende begründet.[13]

---

[13] Vgl. http://de.wikipedia.org/w/index.php?title=Datei:Bundesarchiv_Bild-183-25414-0111,_Leipzig,_ Evangelischer_Kirchentag.2011.

Kochan, T.: Blauer Würger – So trank die DDR. Berlin 2011. S. 131 f.

Schwarz, M.: Die DDR – Zwischen Mauer, Trabi und Club-Cola. Hamburg 2009. S. 153 ff.

Diederich, G. M.: Totgeschwiegen – und wieder eröffnet – zur Entwicklung der katholischen Schulen in Mecklenburg vom Ende des zweiten Weltkrieges bis in die Gegenwart. In: Georg M. Diederich, Renate Krüger (Hg.): Geduldet, verboten, anerkannt. Rostock 2000. S. 270 ff.

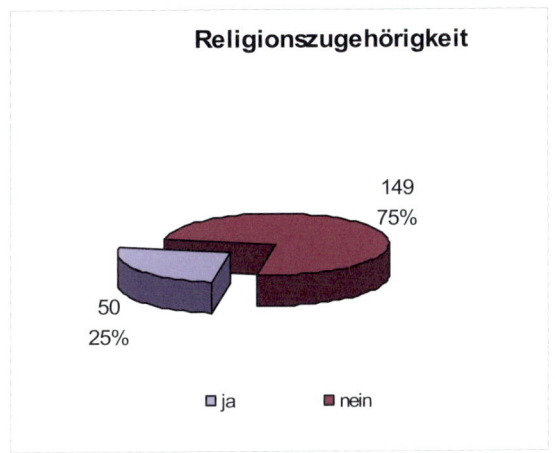

Religionszugehörigkeit

149
75%

50
25%

☐ ja　　■ nein

149 der Studienanfänger geben die allgemeine Hochschulreife als Bildungs-
abschluss an, 52 die Fachhochschulreife.

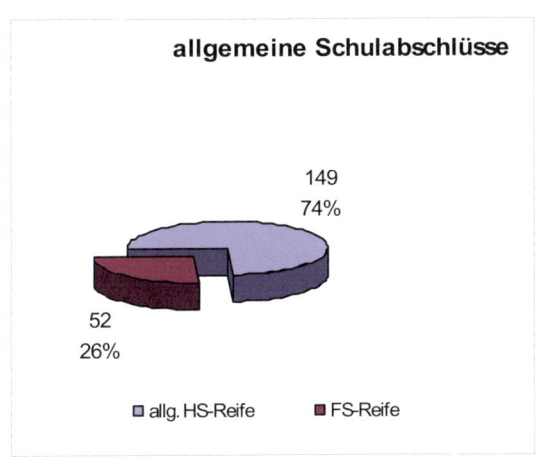

allgemeine Schulabschlüsse

149
74%

52
26%

☐ allg. HS-Reife　　■ FS-Reife

Nach Auskunft des Landesinstituts für Schule und Ausbildung lag der Abiturdurchschnitt bei den weiblichen Absolventen des Jahrganges 2007 bei 2,39;
bei den männlichen bei 2,52. Dies entspricht einem Notendurchschnitt der
Abiturienten in Mecklenburg-Vorpommern von 2,4. Der Abiturdurchschnitt an
der Hochschule Wismar lag 2009 bei 2,41. Festzustellen ist, dass die Stu-

---

Mitzscherlich, B.: Unter Diktaturen. Die Stellung der katholischen Schulen im Dritten
Reich, in der Sowjetischen Besatzungszone und in den Anfangsjahren der DDR. In: G.
M. Diederich, R. Krüger (Hg.): geduldet, verboten, anerkannt. Rostock 2000. S. 340 ff.

dienanfänger des Jahrganges 2009 an der Hochschule Wismar dem Landes-
durchschnitt entsprechen.

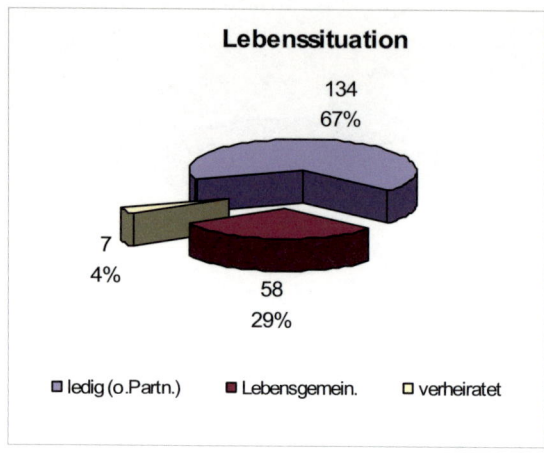

149 Studienanfänger sind ledig und ohne Partner. 58 der 203 Befragten gaben eine Lebensgemeinschaft an. 7 waren verheiratet. Einen Kinderwunsch
äußerten 70 % aller Befragten.

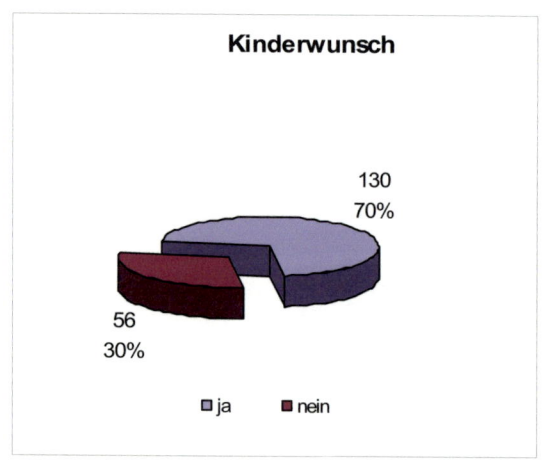

8.2 Angaben zum Elternhaus

Für die Entwicklung eines Kindes zu Selbständigkeit und Unternehmertum ist die Sozialisationsagentur Familie von großer Bedeutung. In diesem Zusammenhang weisen Robert D. Hisrich, Michael P. Peters und Dean A. Shepherd auf die Einflussgrößen Geburtsreihenfolge, Beschäftigungsverhältnis und den sozialen Status der Eltern hin.[14] Christian Willi Scheiner weist auf den stärkeren Einfluss des väterlichen Berufs auf die Berufsentscheidung der Kinder hin.[15] Die Studierenden an der Hochschule Wismar stammen überwiegend aus finanziell abgesicherten Elternhäusern. So waren 61,5 % der Väter entweder angestellt oder befanden sich in einem Beamtenverhältnis, bei den Müttern waren 76,3 % angestellt oder verbeamtet. Selbständig waren bei den Vätern 22,6 und bei den Müttern 9,8 %.

Geschwister zu haben, gaben 82,7 % der Befragten an. 54,65 % haben einen Bruder bzw. eine Schwester.

Haben Sie Geschwister?

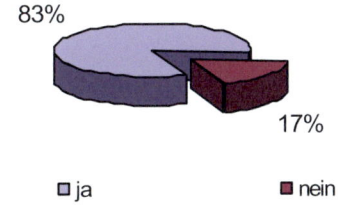

83%

17%

◻ ja   ◼ nein

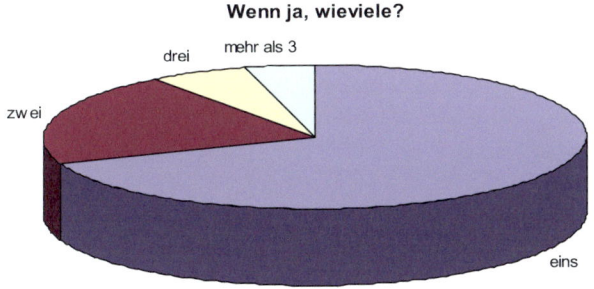

Wenn ja, wieviele?

drei   mehr als 3

zwei

eins

---

[14] Hisrich, R. D.; Peters, M. P. und Shepherd, D. A.: Entrepreneurship. New York 2005. S. 64 f.
[15] Scheiner, C. W.: Fundamental Determinants of Entrepreneurial Behaviour. Wiesbaden 2009. S. 49.

Von den ersten Geschwistern befinden sich 37,4 % in einer Ausbildung, 33 % sind in einem Angestellten- bzw. Beamtenverhältnis. Die Selbständigkeitsrate liegt bei 2,9 %.

Von den Zweitgeschwisterkindern sind 49,2 % in einem Angestellten- bzw. Beamtenverhältnis, 7,8 % in einer Ausbildung.

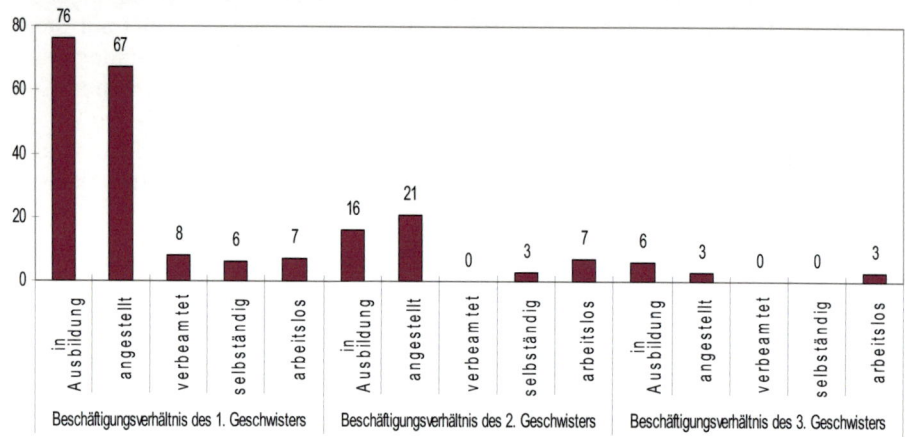

Unter der Prämisse, dass die Sozialisationsagentur „Freunde" Einfluss auf den späteren Werdegang hat, wurde die Frage gestellt, ob im Freundeskreis Aussagen über die Privatwirtschaft getroffen wurden. Unter Privatwirtschaft ist Unternehmertum zu verstehen - private und öffentliche Haushalte wurden ausgeklammert. Insgesamt ist festzustellen, dass in 34,9 % der Freundeskreise über Privatwirtschaft gesprochen wurde. In 27,5 % wurde nicht über die Privatwirtschaft gesprochen und in 35,9 % nur am Rande.

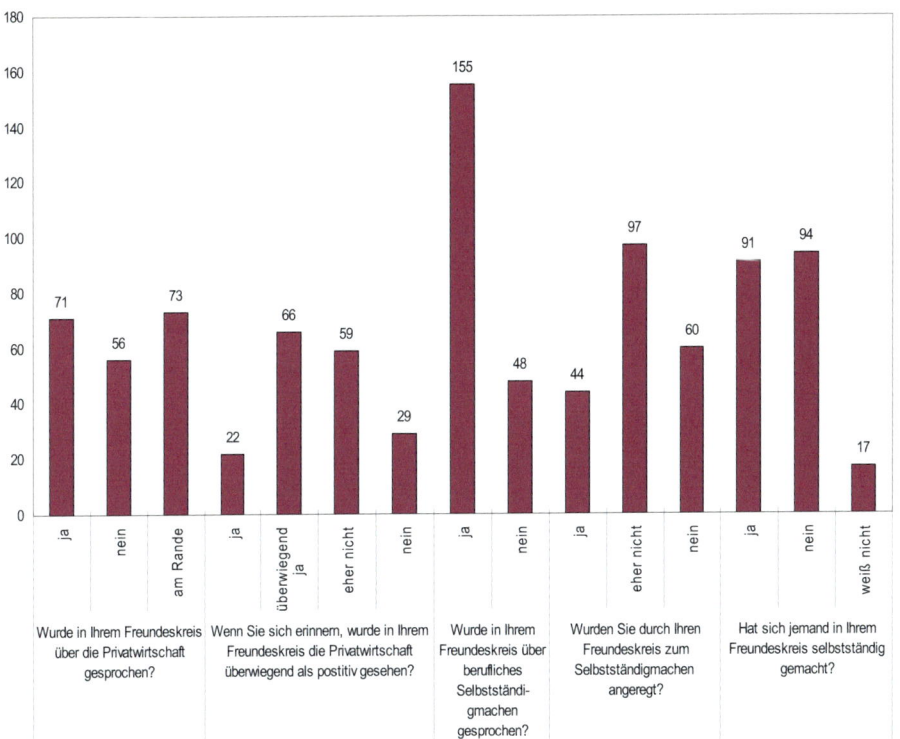

Auf die Frage, wie die Privatwirtschaft angesehen wurde, machten 43,3 % die Angabe, dass das Bild überwiegend positiv war. 43,9 % erinnerten sich daran, eher ein negatives Bild vermittelt bekommen zu haben.

Die Frage, ob in den Freundeskreisen über das berufliche Selbständigmachen gesprochen wurde, beantworteten 76,3 % mit ja. Eine Anregung zum Selbständigmachen erfolgte in 77,3 % eher nicht oder nicht. 44,8 % der Befragten antworteten auf die Frage, ob sich in ihrer Familie jemand selbständig gemacht hat mit ja und 54,6 % mit nein oder weiß nicht. Unter dem Begriff der Familie wurde in diesem Kontext nicht nur die Kernfamilie, sondern auch der erweiterte Familienkreis verstanden.

Unter dem Begriff des Unternehmertums bzw. Entrepreneurship wird das Gründungsgeschehen bzw. die Gründung von neuen Organisationen als Antwort auf identifizierte Möglichkeiten verstanden. Es geht um die Identifizierung von (Markt-)Chancen, das Finden von (Geschäfts-)Ideen und deren Umsetzung, State of the Art ist der prozessorientierte Ansatz. Die Europäische Union definiert „Entrepreneurship als Schlüsselkompetenz" für lebensbegleitendes Lernen.

Vor diesem Hintergrund wurden die Studierenden gefragt, ob sie in ihrem Elternhaus zum Umgang mit Technik ermuntert wurden. 75,8 % beantworteten die Frage mit ja bzw. im Wesentlichen ja. In 23,1 % der Elternhäuser wurden die Kinder entweder nicht bzw. eher nicht zum Umgang mit Technik ermuntert.

Unter Kreativität wird die Fähigkeit und Möglichkeit „zum schöpferischen Denken und Handeln verstanden, bei dem Wissen neu verknüpft wird und neue Problemlösungen entstehen.[16] In 73,3 % der Befragten haben angegeben, dass die Elternhäuser sie zur Kreativität ermuntert haben. Zu hinterfragen ist, ob die Ermunterung zur Kreativität real ist oder sich dahinter die Anleitung zum selbständigen Erledigen von Aufgaben („Sieh zu, wie Du damit fertig wirst!") verbirgt.

Unter Risikobereitschaft ist die individuelle Bereitschaft zu verstehen, trotz Abwägung aller Schwierigkeiten und möglichen Widrigkeiten, unvorhersehbare Entwicklungen und Geschehnisse zu akzeptieren, aus Fehlern zu lernen und entsprechend zu handeln. Was diesen Aspekt anbetrifft, so wurden 54,1 % aller Befragten nicht oder eher nicht zur Risikobereitschaft durch das Elternhaus angeregt.

Berufliche Sicherheit ist in den Elternhäusern hoch angesiedelt. In 87,1 % der Haushalte wird soziale Sicherheit groß geschrieben. Eine Begründung mag in der Arbeitsmarktsituation in den neuen Bundesländern zu finden sein. Nach der Einstellung der Familie zum öffentlichen Dienst befragt, gaben 37,9 % aller Befragten eine positive Familieneinstellung an. 45,3 % hatten eine eher gleichgültige Einstellung zum öffentlichen Dienst; 15,7 % standen ihm negativ gegenüber.

---

[16] http://www.persönliches-wissensmanagement.com/glossar/113.06.08.2008.

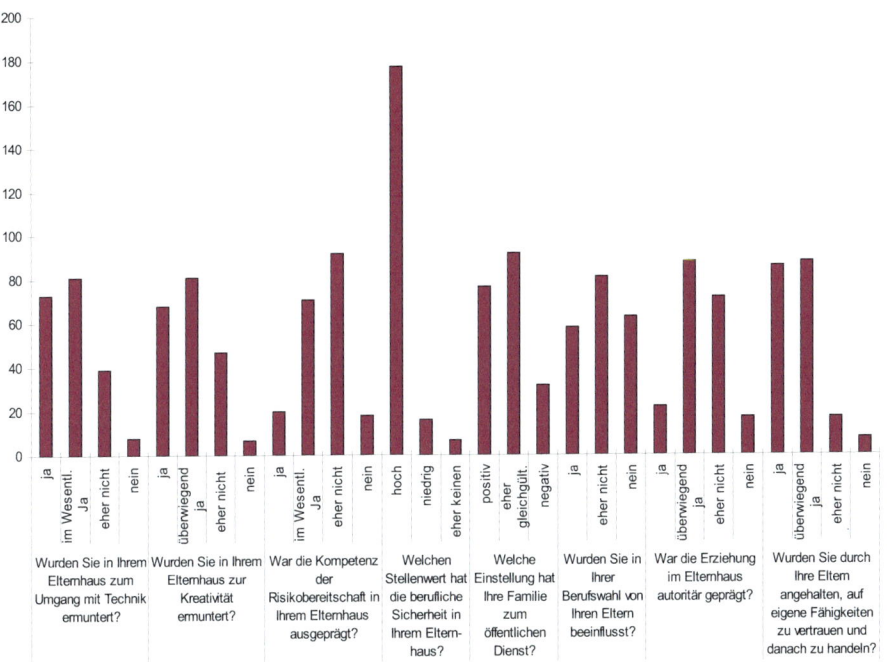

Auf die Beeinflussung durch die Eltern hinsichtlich der Berufswahl befragt, gaben 70,9 % der Studierenden an, nicht bzw. eher nicht beeinflusst worden zu sein.

Vor dem Hintergrund der Sozialisationsforschung sind diese Angaben kritisch zu sehen, da Beeinflussungen nicht nur direkt geschehen, sondern dem Sozialisationsprozess an sich inhärent sind, demnach also Beeinflussungen ständig virulent sind. In diesem Zusammenhang wurde deshalb die Frage gestellt, ob die Erziehung im Elternhaus autoritär geprägt war. Der autoritäre Erziehungsstil, „der mit einem interventionalen Erziehungsbegriff einhergeht, setzt stark auf die Erziehungsmittel Belohnung und Bestrafung und weniger auf Überzeugung, vermittelt aber meist Sicherheit. Die Meinung des zu Erziehenden wird akzeptiert, zum Schluss bestimmt jedoch der Erzieher, der erst später in den Hintergrund tritt."[17] Der autoritäre Erziehungsstil ist gekennzeichnet durch hohe Kontrolle und geringe Verantwortung. „Es werden strenge Regeln aufgestellt und die Autorität darf nicht hinterfragt werden. 54,19 % aller Studienanfänger 2009 gaben an, autoritär bzw. überwiegend autoritär erzogen worden zu sein; 43,3 % beantworteten die Frage mit eher nicht bzw. mit nein.

---

[17] http://de.wikipedia.org/w/index.php?title=Erziehung printable=yes. 07.08.2008.

Bezug nehmend auf die dem autoritären Erziehungsstil charakteristische Kontroll- und Vorgabendichte wurde die Frage gestellt, inwieweit die Eltern ihre Kinder anhielten, auf eigene Fähigkeiten zu vertrauen und danach zu handeln. 85,7 % gaben an, angehalten bzw. überwiegend angehalten worden zu sein, auf eigene Fähigkeiten zu vertrauen und danach zu handeln. 85,7 % gaben an, angehalten bzw. überwiegend angehalten worden zu sein, auf eigene Fähigkeiten zu vertrauen und danach zu handeln. Dieser mögliche Widerspruch zwischen Vertrauen auf eigene Fähigkeiten und autoritärer Erziehung ist womöglich durch eine Top-down-Mentalität im Elternhaus zu erklären („Mach es gefälligst selbst!").

Bezogen auf die Urlaubswahl und die Ermunterung aus dem Elternhaus, auf die eigenen Fähigkeiten zu vertrauen, ergibt sich, dass lediglich 36,4 % der Studierenden Willens sind, ein fremdes Land auf eigene Faust zu erkunden (Näheres vgl. 8.3).

8.3   Hobbys und Interessen

Eine Informationsgesellschaft verlangt nicht nur lineares Denken, sondern setzt im Sinne der Kreativität vernetzendes Denken voraus. Entscheidend für den wirtschaftlichen und gesellschaftlichen Fortschritt ist der produktive und kreative Umgang mit Informationen geworden. „Auf Eigenschaften, wie Kommunikations- und Beziehungsfähigkeit, Lernbereitschaft, Fach- und Orientierungswissen, Menschenkenntnis, Denken in Systemen und gemeinschaftsorientierte Werte, kommt es jetzt in erster Linie an. Zusätzlich zur materiellen Nachfrage treten soziale, geistige, psychische und ökologische Bedürfnisse nach vorne. Da Informationen keine materielle, sondern eine immaterielle Größe sind und der Mensch der wichtigste Erzeuger, Träger, Vermittler, Benutzer und Konsument ist, rücken seine immateriellen Bedürfnisse, Probleme und Potenziale in den Mittelpunkt des Strukturwandels."[18] Vor diesem Hintergrund steht der Mensch mit seinen psychischen und sozialen Fähigkeiten als der produktionsbestimmende Faktor im Fokus. Im Gegensatz zu den pessimistischen Szenarien der frühen Informationsgesellschaft wird die Bedeutung des Menschen nicht abnehmen, sondern zunehmen. Seine Weiterbildung, seine intrinsische Motivation, seine sozialen und kreativen Potenziale sowie seine Beteiligung an kreativen Entscheidungsprozessen sind gefragt. Es kommt zunehmend darauf an, die produktiven und kreativen Potenziale zu erkennen und zu erschließen.

---

[18]   Nefiodow, L. A.: Der sechste Kondratieff. Sankt Augustin 2006. S. 14.

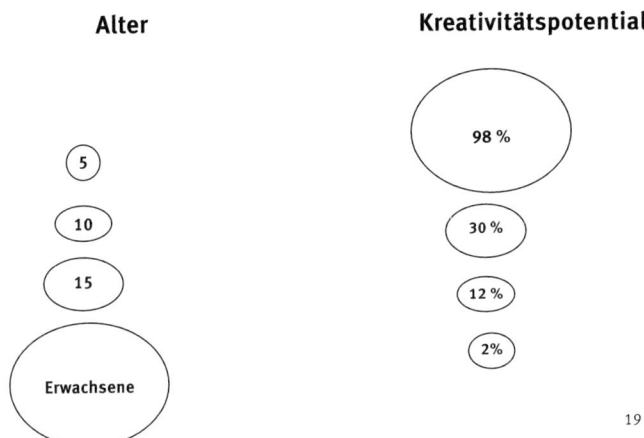

	Alter	**Kreativitätspotential**

5 — 98 %

10 — 30 %

15 — 12 %

Erwachsene — 2%

[19]

In diesem Kontext wurde die Frage nach dem Spielen eines Musikinstruments gestellt. 73,8 % aller Befragten gaben an, kein Instrument zu spielen.

Bildende Kunst bezeichnet im engeren Sinne Bildhauerei, Malerei, Grafik sowie Kunsthandwerk. Im weiteren Sinne zählen dazu auch Architektur und künstlerische Fotografie.[20] Auf die Frage, ob bildende Künste betrieben werden, antworteten 86,6 % der Studienanfänger mit nein.

Die Frage, ob Texte und Geschichten selbständig geschrieben werden, beantworteten 85,7 % mit nein bzw. machten keine Angaben.

Die Frage nach dem künstlerischen/musischen Interesse beantworten mit ja 52,7 % aller Befragten.

Als kreative Beschäftigung wird ebenfalls die Lektüre von Büchern (außer Fachbücher) angesehen. Insgesamt lag der jährliche Bücherkonsum bei den befragten Studierenden bei 5,07 Büchern pro Jahr. Nach Angaben des Börsenvereins des deutschen Buchhandels kaufen die Bundesbürger im Durchschnitt elf Bücher pro Jahr. Als Vielleser sind diejenigen definiert, „die sich jährlich durch mehr als 18 Bücher schmökern".[21] Laut „Media Perspektiven" lesen die Deutschen 2,5 Bücher im Monat, was einen jährlichen Konsum von 30 Büchern entspricht.[22]

---

[19] Land, G.; Jarman, B.: Breaking Point and Beyond. Zit. n. Jesper Bove Nielsen: Corporate Kindergarten. København 2003. S. 32. In: Vortrag Dr. Michael Heinrichs, Dozententagung 2007 des Instituts für Fortbildung und Verwaltungsmodernisierung.

[20] Vgl. http://lexikon.meyers.de/meyers/bildende_kunst.07.08.2008.

[21] Börsenverein des deutschen Buchhandels (Hrsg.): Buch und Buchhandel in Zahlen 2008. Frankfurt a. M. 2008. S. 19.

[22] Kockhahn, C.; Haddad, D.; Delm, U.: Bücher und Lernen als Freizeitaktivität. In: Media Perspektiven 1/2005.

Zur Kontrolle des künstlerisch/musischen Interesses wurde die Frage nach dem künstlerischen Betätigungsfeld von Albrecht Dürer, Ludwig Tieck, Carl Maria v. Weber, Andy Warhol, Yoko Ono und Siegfried Lenz gestellt. Als Auswahlmöglichkeiten standen bildende Kunst, Literatur, Malerei und Musik zur Verfügung. 66,5 % aller Testpersonen konnten Albrecht Dürer der Malerei zuordnen, während Ludwig Tieck mit 78,3 % nahezu unbekannt war. Den Komponisten Carl Maria v. Weber konnten 24,1 % richtig zuordnen. Andy Warhol wussten 20,1 % richtig einzuordnen. Der Musik wiesen 59,6 % Yoko Ono zu. Den deutschen Literaten Siegfried Lenz kannten lediglich 27,5 % der Studierenden.

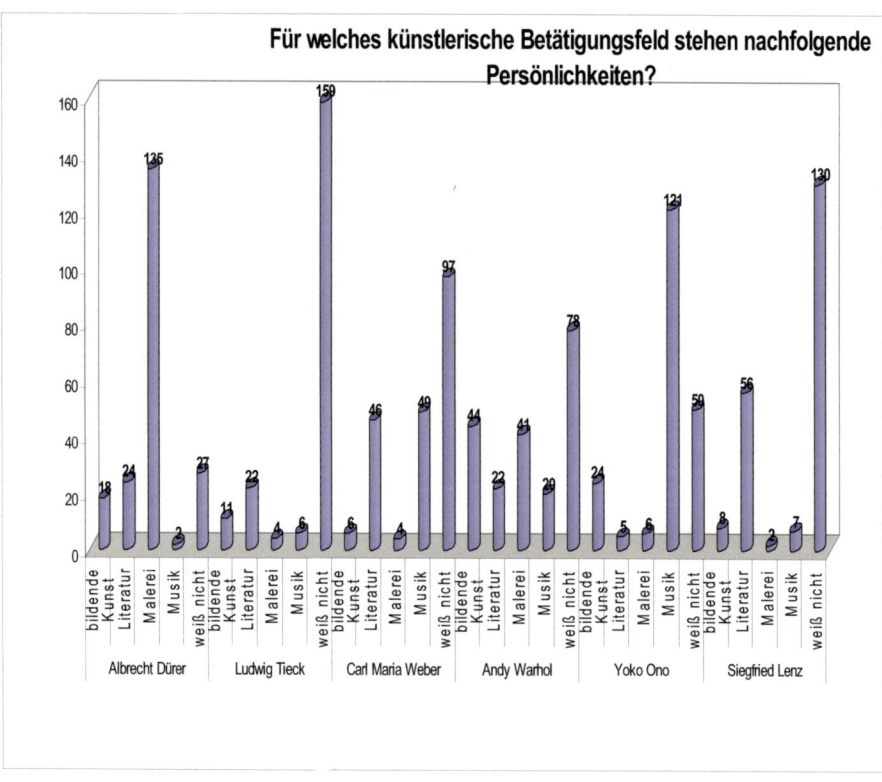

Festzustellen ist, dass kulturelles Interesse bzw. kulturelles Wissen nicht auffallend ausgeprägt sind.

Ist das Studium an der Hochschule Wismar zeitlich und inhaltlich durchstrukturiert, so stellt sich die Frage, ob die individuelle Freizeit womöglich damit korreliert. Innerhalb der Fragestellung, wo bzw. wie die Studierenden am

http://www.media-perspektiven.de/fachzeitschrift_alle_ausgaben.html; 07.08.08.

liebsten ihren Urlaub verbringen, stand der Organisationsgrad der Reise im Vordergrund. Während der Strandurlaub (All-Inclusive) den geringsten eigenständigen Organisationsaufwand verlangte, fordert die Erkundung eines fremden Landes auf eigene Faust die höchste Eigeninitiative bezüglich Risikobereitschaft, Kreativität und der Qualifikation, auf eigene Fähigkeiten zu vertrauen.

36,4 % aller Befragten gaben an, ein fremdes Land auf eigene Faust erkunden zu wollen.

Für die psychosoziale Befindlichkeit des Menschen in Alltag und Beruf stellt der Sport eine wichtige Größe dar. Zum einen dient er der persönlichen Fitness, zum anderen erlaubt er kreative Potenziale zu entwickeln und in Mannschaftssportarten Teamgeist zu entfalten. Gleichzeitig ermöglicht der Sport Risikobereitschaft und steigert die Fähigkeit, auf seine eigenen Kompetenzen zu vertrauen. Insgesamt antworteten auf die Frage, ob Sport getrieben wird, 75,3 % mit ja.

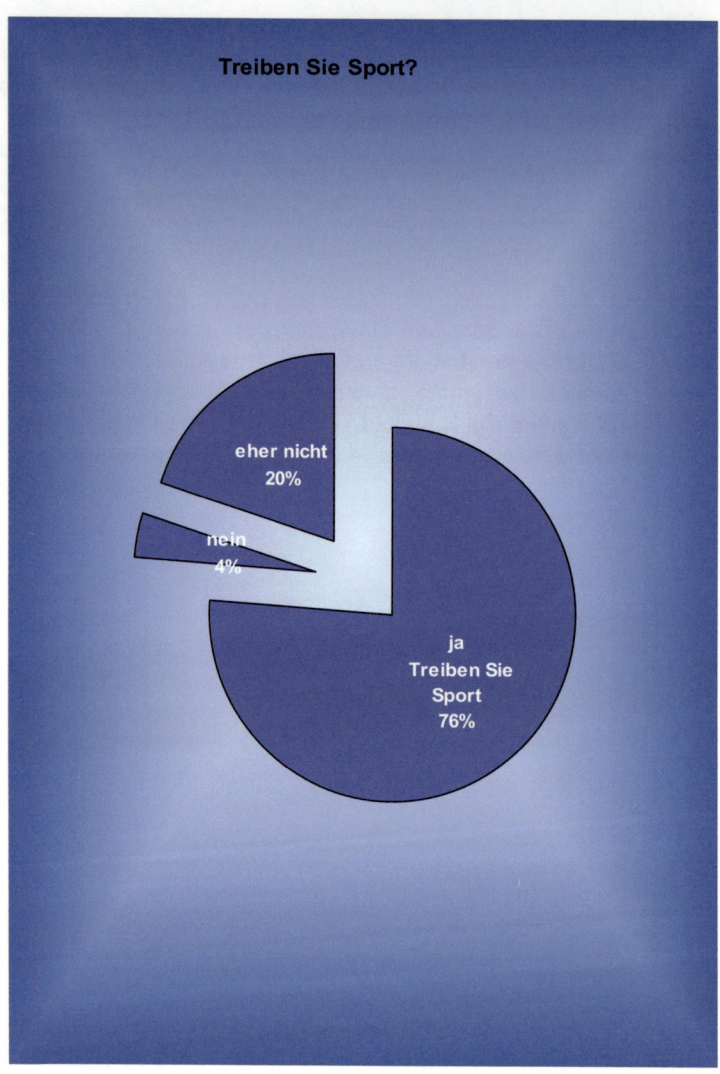

Treiben Sie Sport?

eher nicht
20%

nein
4%

ja
Treiben Sie
Sport
76%

Auf die Frage, welche Sportarten betrieben werden, gaben 48,2 % Ballsport an, 27,5 % Radsport und 25,1 % Kraftsport.

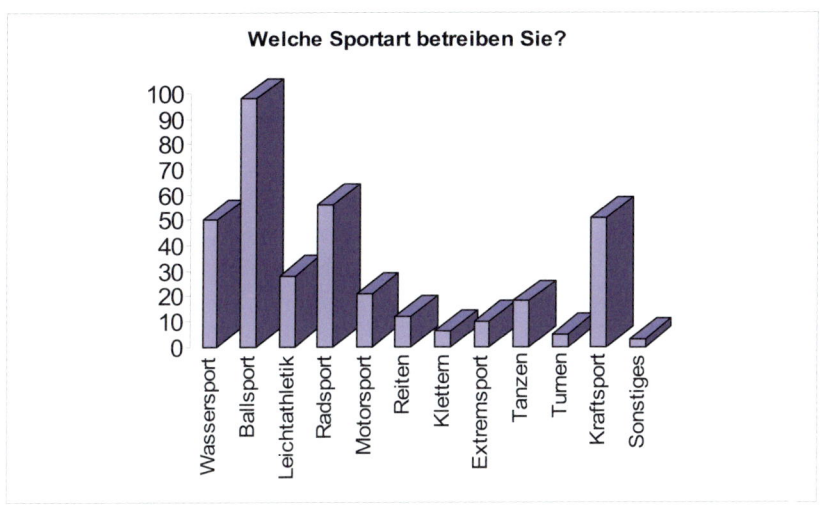

Welche Sportart betreiben Sie?

Obwohl der Tanzsport in der Priorisierung mit 8,8 % weit abgeschlagen ist, liegt er bei den Studierenden insgesamt hinsichtlich der Kreativität mit 32 % an der Spitze. Ballsportarten mit 18,2 % und Extremsportarten mit 9,3 % folgen auf den nächsten Plätzen.

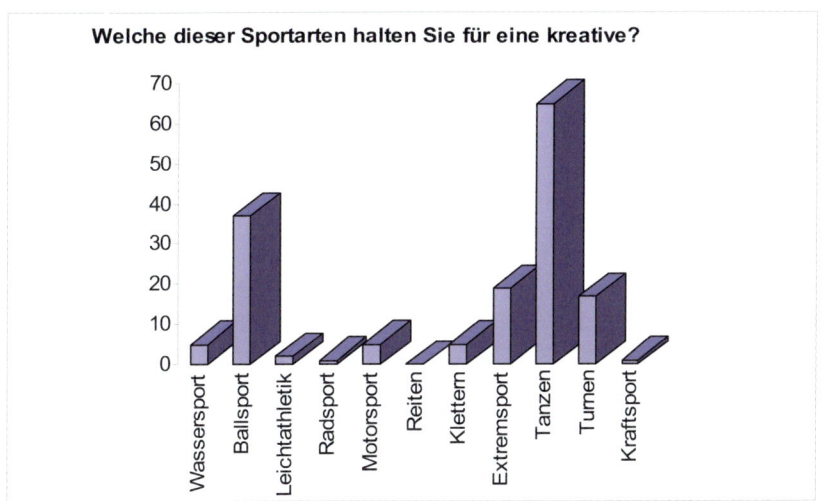

Welche dieser Sportarten halten Sie für eine kreative?

Zu bemerken ist eine eher passive Kreativität, die sich darin äußert, dass eine Sportart zwar als kreativ eingestuft wird, man jedoch nicht selbst an dieser Kreativität partizipiert. Zu hinterfragen ist deshalb, inwieweit Kreativität und eigenständiges Umsetzen wirklich im Sozialisationsprozess stattgefunden haben.

8.4 Angaben zur Schulzeit

Neben Familien und Freunden stellt die Schule die zentrale Sozialisationsagentur dar, da hier durch Angebote und Inhalte die Weichen für die Zukunftsbewältigung gestellt werden. Aus dem Wie und Was der Kompetenzvermittlung ergeben sich für das Individuum Chancen und Möglichkeiten wie auch deren Gegenteil. So kann neben der Familie die Schule verstärkend auf Risikobereitschaft, Kreativität, Selbständigkeit und zum Vertrauen auf eigene Kompetenzen einwirken und richtungsweisend sein. Dabei ist nicht zu verwechseln, dass dieser erzieherische Einsatz kein Surrogat für defizitäre elternhäusliche Sozialisation sein kann und darf. So sehen Robert D. Hisrich, Michael P. Peters und Dean A. Shepherd unter anderem in der Schule eine Agentur, welche lebensbegleitendes Lernen als intrinsischen Akt fördern kann, indem sie Wissen nicht als abschließend definiert.[23] Darüber hinaus hat die Schule die Chance, allen Schülern unabhängig vom Geschlecht den Blick über den Tellerrand zu ermöglichen. Inwieweit dies im Zuge der Feminisierung der Schule umfassend und allen möglich ist, ist problematisch. Claudia Schultheis, Professorin an der kath. Universität Eichstädt-Ingolstadt, sieht beispielsweise eine bessere Benotung und Bewertung der Schüler durch weibliche Lehrkräfte.[24] Generell ist festzustellen, dass sowohl bei weiblichen als auch bei männlichen Lehrkräften Mädchen bevorzugt werden, weil diese „pflegeleichter" sind und nicht durch Dominanz- und Aggressionsverhalten auffallen.[25] Ohne auf die Genderproblematik eingehen zu wollen, ist festzustellen, dass 76,3 % aller Studierenden des Jahrganges 2009 überwiegend von weiblichen Lehrkräften unterrichtet wurden, was wiederum einen Rückschluss auf die Identifikations- und Bezugsproblematik männlicher Schüler erlaubt.

Mathematik war mit 24,1 % das erste Lieblingsfach. Als zweites Lieblingsfach folgten die Naturwissenschaften, die auch als drittes Lieblingsfach mit 18,2 % dominierten. Eine Erklärung mag in der politischen Neutralität der Fächer liegen. Wirtschaft sahen 7,3 % als ihr erstes Lieblingsfach. 9,8 % führten Wirtschaft als drittes Lieblingsfach an.

---

[23] Hisrich, R. D.; Peters, M. P. und Shepherd, D. A.: Entrepreneurship. New York 2005. S. 65.

[24] Schulheis, C.: Was wir über Jungen wissen. Ergebnisse der Jungenforschung. Fachtagung „Krise der kleinen Kerle? – Jungen in der Grundschule". Neuwied. 06.06.2008

[25] Vgl. Neukirch. R.: Triumph der Schmetterlinge. In: Spiegel Online. http://www.spiegel.de/spiegel/O,1518,druck-524828.00html.; 27.08.08.

Lehrkräfte in der Schulzeit

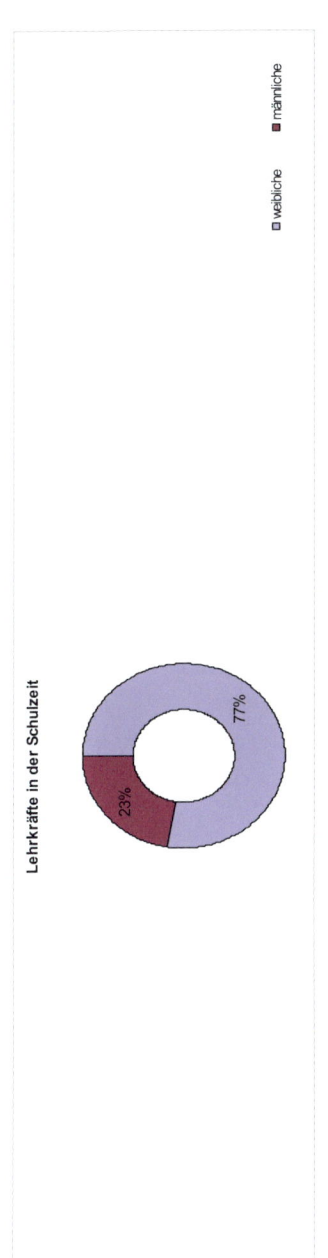

23%

77%

□ weibliche
■ männliche

1. Lieblingsfach

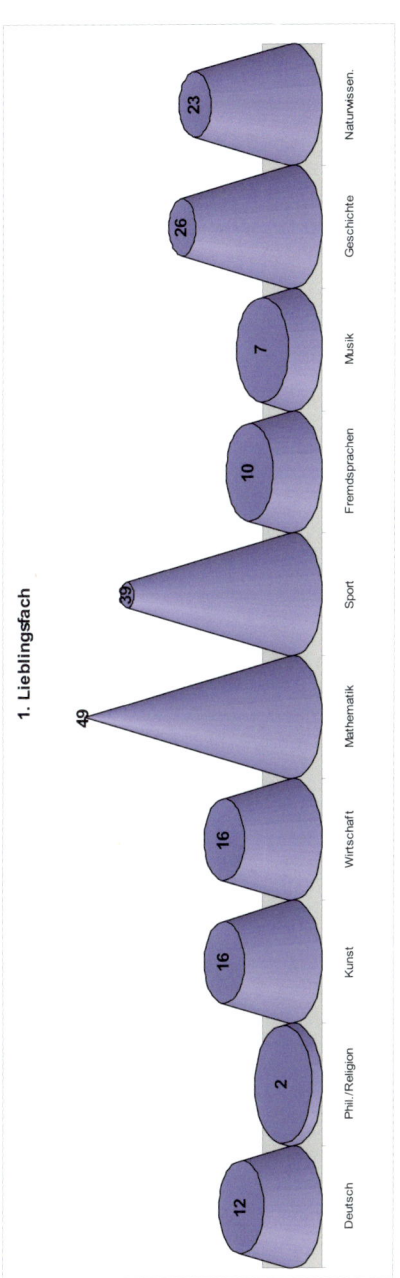

Deutsch	Phil./Religion	Kunst	Wirtschaft	Mathematik	Sport	Fremdsprachen	Musik	Geschichte	Naturwissen.
12	2	16	16	49	39	10	7	26	23

2. Lieblingsfach

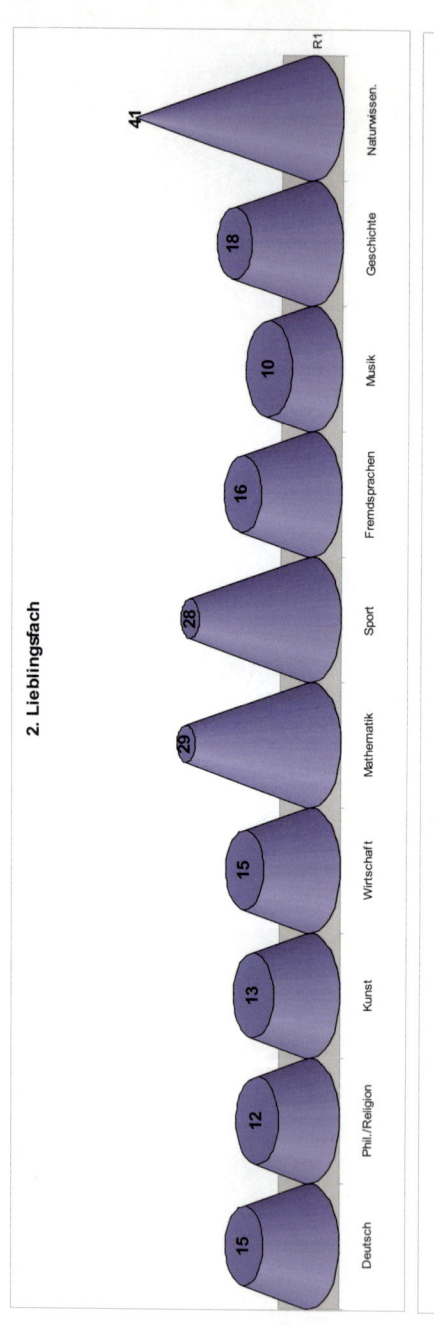

3. Lieblingsfach

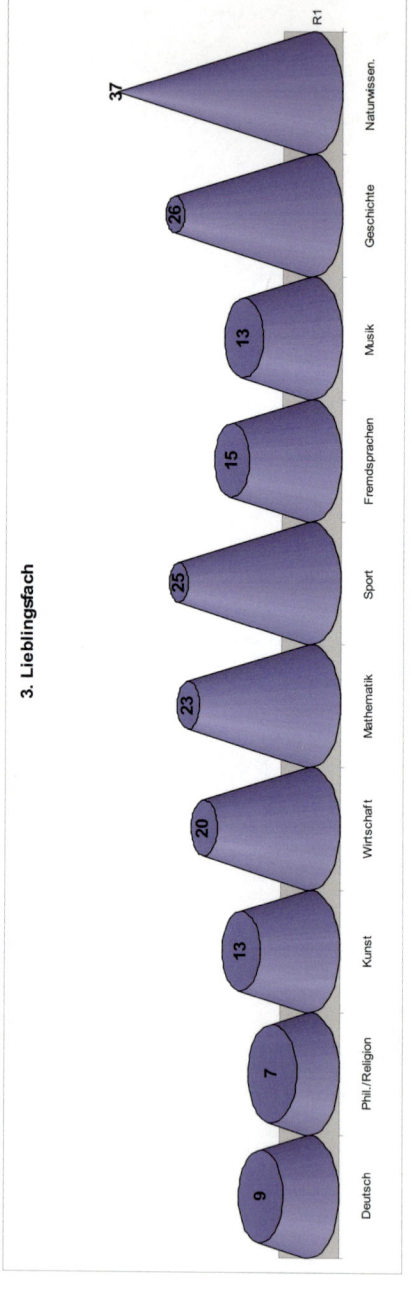

60

Befragt, ob zum Umgang mit Technik ermuntert wurde, bestätigten 51,3 % aller Studienanfänger dies (Beantwortung mit ja bzw. überwiegend ja).

Im Gegensatz zur Ermunterung durch das Elternhaus (s. o. 75,8 %) liegt hier ein Abfall um fast 24,5 Prozent vor. Nicht zu belegen ist, was sich genau hinter dem ‚Umgang mit Technik' verbirgt. Auszuschließen ist nicht, dass die Absenkung des Umgangs mit Technik aus dem Unterrichtsfach Arbeit-Wirtschaft-Technik bzw. Informatik resultiert.[26]

Auf die Frage, ob während der Schulzeit eine Orientierung stattfand, auf die eigenen Fähigkeiten zu vertrauen und danach zu handeln, antworteten 66 % mit ja bzw. überwiegend ja.

Gaben noch 85,7 % der Befragten an, im Elternhaus angehalten worden zu sein, auf die eigenen Fähigkeiten zu vertrauen, so reduzierte sich dieser Wert im Rahmen der schulischen Sozialisation um 19,7 Prozentpunkte. Wurde noch bei 73,3 % aller Studierenden im Elternhaus auf die Förderung der Kreativität Wert gelegt, so reduzierte sich dies im schulischen Alltag auf 48,7 %. Dass sie in der Schule zum selbständigen Handeln angehalten wurden, bestätigten 71,9 % der Befragten (ja bzw. im Wesentlichen ja).

---

[26] Ministerium für Bildung, Wissenschaft und Kultur: Rahmenplan Arbeit-Wirtschaft-Technik, Regionale Schule, Verbundene Haupt- und Realschule, Hauptschule, Realschule, Integrierte Gesamtschule, Jahrgangsstufen 7-10. In: Mitteilungsblatt des Ministeriums für Bildung, Wissenschaft und Kultur Mecklenburg-Vorpommern, Nr. 9/2002. Schwerin 2002. S. 502.

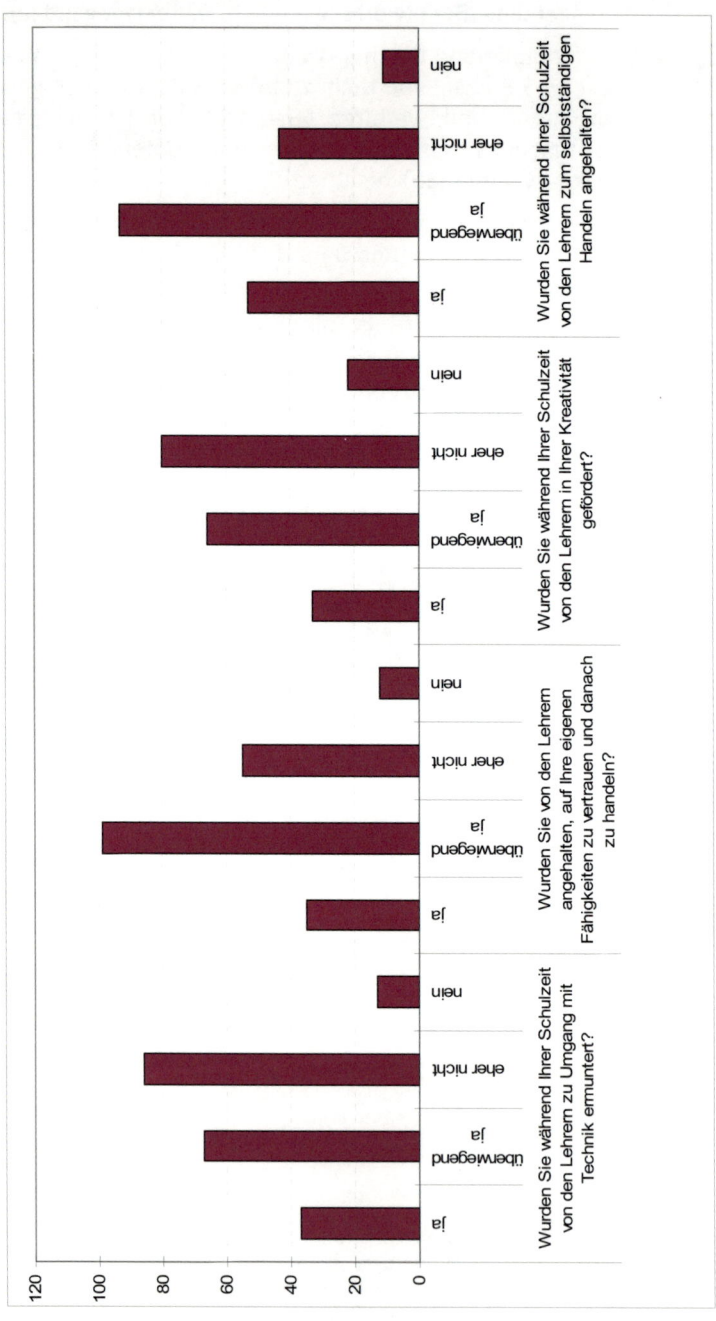

Aus gesellschaftspolitischer Sicht ist die persönliche Selbständigkeit das Humankapital ersten Ranges. Selbständigkeit in der Schule heißt, dass die Heranwachsenden sich selbständig um ihre eigenen Belange kümmern müssen, wobei die Schule lediglich als Wegbegleiter bzw. Coach und Übungsfeld fungiert. Wer künftig selbständig leben oder sogar Führungsaufgaben übernehmen will, muss während des Studiums eigenverantwortlich lernen und Ideen für die Zukunft der Gesellschaft entwickeln können. Es ist dies die Problematik des Lebensunternehmertums. Das B.A.T. Freizeit-Forschungsinstitut kommt zu folgender Aussage (vgl. nachfolgende Abb.):[27]

Lebensunternehmertum

Zwischen Schule und Arbeitsplatz

Von je 100 Befragten halten Selbständigkeit für besonders wichtig:

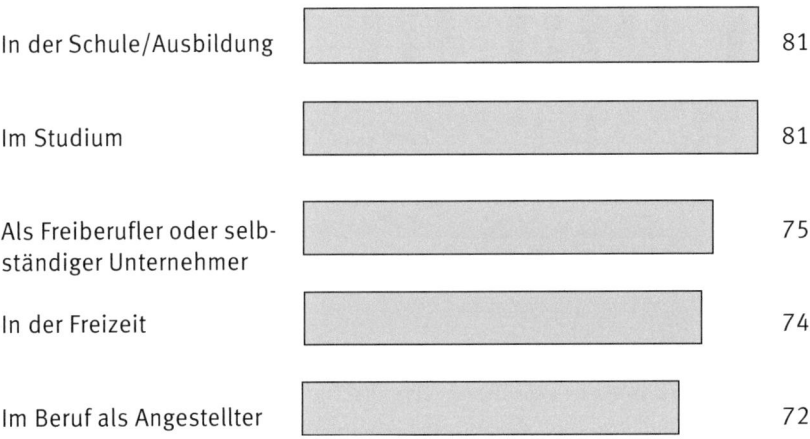

In der Schule/Ausbildung	81
Im Studium	81
Als Freiberufler oder selbständiger Unternehmer	75
In der Freizeit	74
Im Beruf als Angestellter	72

Da selbständiges Handeln auch immer eigene Entscheidungen voraussetzt, wurde die Frage gestellt, wie Entscheidungen getroffen werden. 72,9 % aller Studierenden treffen bedachte Entscheidungen, 27 % schätzen ihre Entscheidungen als spontan ein.

Mit Beginn des Schuljahres 1996/97 wurde per Runderlass des Kultusministeriums Mecklenburg-Vorpommern der Rahmenlehrplan Arbeit-Wirtschaft-Technik, Verbundene Haupt- und Realschule, Hauptschule, Realschule, Gesamtschule, Gymnasium für alle Schularten und Bildungsgänge des Sekundarbereichs I in Kraft gesetzt. Dieser wurde durch eine Verwaltungsvorschrift (neuer Rahmenplan) des Ministeriums für Bildung, Wissenschaft und Kultur

27 Opaschowski, H. W.: Deutschland 2020. Wie wir morgen leben – Prognosen der Wissenschaft. Wiesbaden 2006. S. 346.

vom 26. Juli 2002 abgelöst.[28] In diesem Kontext wurde die Frage nach der Bedeutung des Unternehmertums für die Gesellschaft thematisiert. Insgesamt bejahten 27,5 % aller Studierenden dies. 49,7 % antworteten mit nein, davon 22,1 % mit weiß nicht.

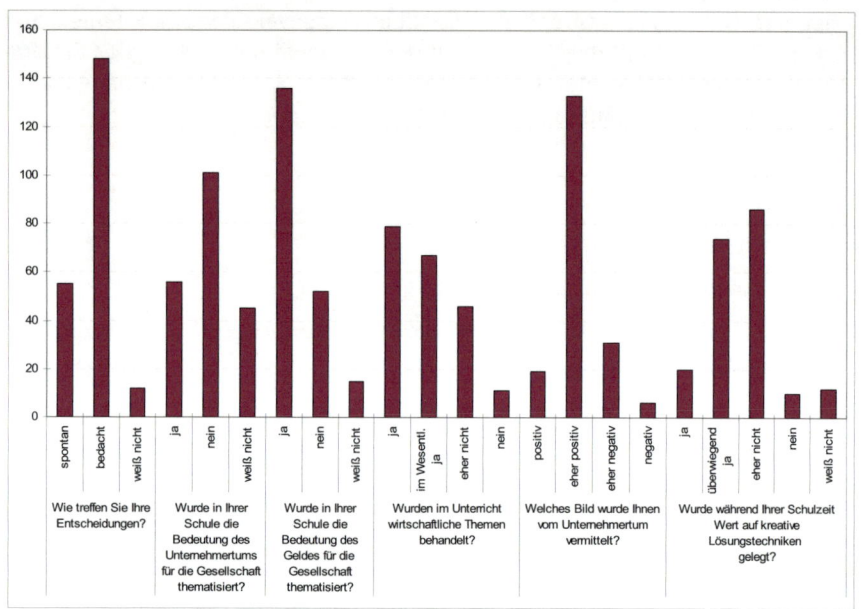

In Anbetracht des Umstandes, dass gerade das Unternehmertum die innovative und wertschöpfende Kraft in der Gesellschaft ist, ist es mehr als erstaunlich, wie unzureichend über diesen Gesellschaftssektor informiert wurde.

Kontrastierend nimmt sich dagegen die Frage aus, ob die Bedeutung des Geldes für die Gesellschaft in der Schule von Bedeutung war. 66,9 % antworteten mit ja, 25,6 % mit nein und der Rest mit weiß nicht:

Es wurde dezidiert die Frage nach der Behandlung wirtschaftlicher Themen im Unterricht gestellt.

Insgesamt antworteten mit ja 38,9 %, 33 % mit im Wesentlichen ja und 5,4 % mit nein bzw. 22,6 % mit eher nicht.

Weiterhin wurde danach gefragt, welches Bild vom Unternehmertum vermittelt wurde.

[28] Ministerium für Bildung, Wissenschaft und Kultur: Rahmenplan Arbeit-Wirtschaft-Technik, Regionale Schule, Verbundene Haupt- und Realschule, Hauptschule, Realschule, Integrierte Gesamtschule, Jahrgangsstufen 7-10. a.a.O. S. 502.

Hier antworteten 9,3 % aller Studierenden mit positiv und 65,5 % mit eher positiv. 15,2 % gaben ein eher negatives Bild an, 2,9 % sahen ein negatives Bild des Unternehmertums.

Zur Kontrolle wurden den Studierenden die Fragen nach dem Bekanntheitsgrad von Wirtschaftswissenschaftlern gestellt. Adam Smith war 56,6 % aller Befragten ein Begriff, John Stuart Mill 19,7 %, Joseph A. Schumpeter 12,2 % und Milton Friedman 70,4 %. Zu bemerken ist, dass lediglich Adam Smith und Milton Friedmann einem größeren Teil der Studierenden bekannt sind, Joseph A. Schumpeter, Protagonist des Unternehmertums, jedoch kaum. Schumpeter sieht – wie von einem anderen Standpunkt aus auch Kirzmer[29] – in Innovationen den Antriebsmotor für wirtschaftliche Entwicklungen und im Unternehmer den Ideennutzer, der alte Strukturen aufbricht und den innovatorischen Akt initiiert (Akt der konstruktiven Zerstörung). Innovation ist in diesem Zusammenhang nichts anderes als die Durchsetzung von neuen produktiven Ideen und Kombinationen. Vor diesem Hintergrund wurde im Fragebogenset gefragt, ob während der Schulzeit Wert auf kreative Lösungstechniken gelegt wurde.

Hierzu antworteten im Durchschnitt 46,3 % der Befragten mit ja und überwiegend ja, 53,2 % mit eher nicht, nein, weiß nicht.

Im Zusammenhang mit Innovation und innovativem Denken steht konsequenter Weise die Risikobereitschaft. Die Umfrage ergab hierzu, dass 79,8 % der Studierenden eher nicht bzw. nicht zur Risikobereitschaft durch die Schule angeregt wurden. 4,4 % erklärten, es nicht zu wissen.

Teamarbeit hat seine fundamentale Bedeutung in der Kooperation und setzt den Willen zur Zusammenarbeit als elementares, soziales Bedürfnis voraus. Unter Team ist eine besondere Gruppe von Mitarbeitern zu verstehen, „die für einen ganzen, geschlossenen Arbeitsgang verantwortlich ist, gleichberechtigt zusammenarbeitet und das Ergebnis ihrer Arbeit als Produkt oder Dienstleistung an einen internen oder externen Empfänger/Auftraggeber liefert."[30] Merkmale funktionierender Teams sind höhere Problemlösungskompetenz, Synergieeffekte in Folge der Unterschiedlichkeit der Teammitglieder, gemeinsame Verantwortungsübernahme und -bereitschaft sowie Selbststeuerung. Da Teamarbeit in nahezu allen Wirtschaftsbereichen von Bedeutung ist, wie zum Beispiel in Fällen von Umstrukturierungen, Neugliederungen, Reorganisationen, Produktentwicklung und Innovationen, wurde die Frage gestellt, inwieweit während der Schulzeit Wert auf Teamarbeit gelegt wurde. Insgesamt antworteten 70,4 % mit ja bzw. überwiegend ja auf die Frage.

---

[29] Kirzner, I. M.: The Economic Point of View: An Essay in the History of Economic Thought. Kansas City 1976.

[30] http.://www.gm.fh-koeln.de/-bundschu/dokumente/Referate/354/Teamarbeit.thml. 07.08.2010.

8.5 Studien- und Ausbildungsmotivation

Als unternehmerische Hochschule bereitet die Hochschule Wismar weniger auf den öffentlichen Dienst vor. Berufliche Orientierung erfolgt vielmehr auf die Privatwirtschaft, egal ob selbständig oder unselbständig. In beiden Funktionen ist ein Grund der Unsicherheit vorhanden. So wurde nach den wichtigen Faktoren für die berufliche Orientierung gefragt.

	Soziale Verantwortung	Kreatives Handeln	Gestaltungs- wille	Ges. Verant- wortungsbe- wusstsein	Berufliche Sicherheit
1.	25	40	19	18	102
2.	46	54	73	68	78
	71	94	92	88	180

	Feste Strukturen	Geregelte Lebensgestal- tung	Aufstiegs- chancen	Monetäre Gründe	Eigenverant- wortung
1.	42	47	86	55	48
2.	87	90	87	61	98
	129	137	179	116	146

	Möglichkeiten der Selbständigkeit
1.	52
2.	59
	111

Priorisiert wurden danach:

- Berufliche Sicherheit   88,6 %
- Aufstiegschancen   88,1 %
- Eigenverantwortung   71,9 %

Für 67,4 % waren geregelte Lebensgestaltung und für 63,3 % feste Strukturen von entscheidender Bedeutung. Kreativität und Gestaltungswille sind der Umfrage nach zu vernachlässigende Größen.

Aus dem Triple-Helix-Modell ergibt sich das Zusammenspiel von Wirtschaft, Bildung und Politik. In der Konsequenz bedeutet das, dass sich Politik – verstanden als Verwaltung –nicht von der Wirtschaft abkoppeln kann und darf. Verwaltung – auch betriebliche – ist Teil der Wertschöpfungskette (Value chain), wie bereits der preußische Generalleutnant Moritz Karl Ernst von Prittwitz (1795 – 1885) in seiner 1840 erschienenen Einführung in Volkswirt-

schaft erkannte.[31] Im Fragebogenset wurde gefragt, wie hoch die Studierenden die Wahrscheinlichkeit sehen, in ihrer zukünftigen Tätigkeit kreativ tätig
zu sein. So erkennen Olaf Arndt und Daniel Brünink, dass gerade die kreativen Fähigkeiten zu einer wichtigen Komponente werden. „Städte und Regio-
nen sind mehr gefordert, das Kreativpotenzial vollends auszuschöpfen."[32]
Insgesamt hielten es 64,5 % für wahrscheinlich.

Halten Sie es für wahrscheinlich, in Ihrer zukünftigen Tätigkeit kreativ zu sein?

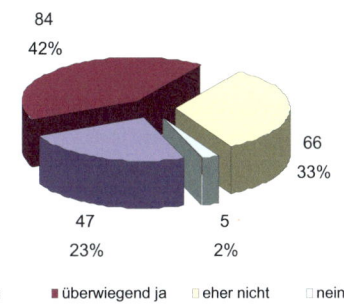

84
42%

66
33%

47   5
23%   2%

■ ja   ■ überwiegend ja   □ eher nicht   □ nein

Aufgrund der Tatsache, dass die meisten Menschen in irgendeiner Form kreativ und selbständig sind, wurde die Frage gestellt, wo die Studierenden ihre
Kreativität und Selbständigkeit ausleben. Insgesamt ist festzustellen, dass
dies für 80,2 % der Befragten in der Freizeit geschieht. Kreativität und Selbständigkeit sind in Studium und Beruf lediglich marginale Größen:

	Beruf/ Studium	Freizeit	Familie	Freunde	Kleidung	Sport
1.	21	101	70	61	34	60
2.	31	62	45	74	54	39
	52	163	115	135	88	99
	25,6 %	80,2 %	56,6 %	66,5 %	43,3 %	48,7 %

Unter Anpassung (adjustment) wird die Angleichung menschlichen Verhaltens an die normativen Forderungen der sozialen Umgebung verstanden.
94,5 % aller Studierenden bejahten diese Frage.

Eine Steigerung von Anpassung ist in der Unterordnung (Subordination) zu
sehen. Unter Unterordnung ist das Zurücktreten der eigenen Person hinter
einer Sache auf Grundlage von Gehorsam und sozialen Normen zu verstehen.
Insgesamt fällt es 69,4 % aller Befragten leicht, sich unterzuordnen.

---

[31]   von Prittwitz, M.: Die Kunst reich zu werden. Wismar 2006. S. 69.
[32]   Arndt, O.; Brünink, D.: Mehr als Kultur und Design. In: Prognos trendletter – Dienstleis-
       ter Staat, 2/2007. 18. Jg. Basel 2007. S. 17.

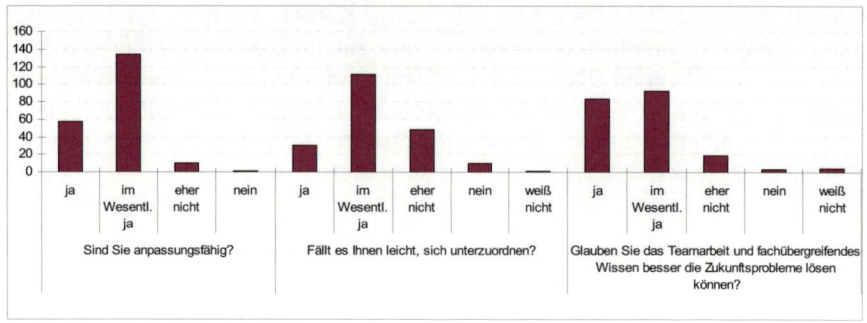

Kontrastierend zum linear ausgerichteten Studium sehen 86,2 % der Studierenden in Teamarbeit und fächerübergreifendem Wissen eine Möglichkeit zur Lösung von Zukunftsproblemen.

Teamarbeit beinhaltet die Gleichberechtigung aller Mitglieder, die Akzeptanz anderer Ansichten, das Vertreten der eigenen Meinung sowie die Anpassung an die Spielregeln des Teams. Vor diesem Kontext wurde detailliert nachgefragt, wo die eigene Meinung am ehesten vertreten wird.

	Beruf/Studium	Freizeit	Familie	Freunde
1.	24	89	91	103
2.	41	85	80	75
	65	174	171	178
	32 %	85,7 %	84,2 %	87,6 %

87,6 % aller Befragten gaben an, diese am ehesten im Freundeskreis zu vertreten, während lediglich 32 % dies im Beruf bzw. im Studium umsetzen.

8.6   Zukunftsausblick

In der Regel verlassen die Studierenden mit Mitte Zwanzig die Hochschule Wismar. Daher wurde die Frage nach dem Wagnis eines beruflichen Neuanfangs gestellt. Insgesamt bejahten dies 36,4 %.

Eine andere Möglichkeit, dem Berufsalltag zu entkommen und dem Leben einen zusätzlichen Sinn zuzufügen, stellt die Geburt eines Kindes dar. Demnach wurde die Frage gestellt, ob in Kindern die Chance gesehen wird, dem Alltagstrott zu entkommen. 39,4 % aller Studierenden antworteten mit ja bzw. im Wesentlichen ja.

Kinder zu haben bedeutet, Verantwortung für die Zukunft zu übernehmen und Verantwortung in der Gegenwart zu haben. Da lineares Wissen für die

Zukunftsbewältigung nicht mehr ausschließlich ausreicht, kommen Kreativität und Improvisation eine herausgehobene Funktion zu. Folglich wurde die Frage nach der Bedeutung der Kreativität in der Zukunftsgestaltung gestellt. 53,2 % aller Befragten bestätigten dies.

Die Frage, ob die berufliche Sicherheit für die Zukunftsgestaltung das ausschlaggebende Kriterium ist, beantworteten 79,3 % mit Ja.

8.7 Demographischer Wandel

Mecklenburg-Vorpommern ist wie die gesamte Bundesrepublik stärker als früher vom demographischen Wandel betroffen. Dies war Anlass zu fragen, was die Studierenden der Hochschule Wismar des Jahrganges 2009 motiviert, in Mecklenburg-Vorpommern zu bleiben. Entscheidende Kriterien für das Verbleiben im Lande sind Freunde und Landschaft. Die persönliche Weiterentwicklung spielt eine untergeordnete Rolle.

	Familie	Freunde	Landschaft	Persönl. Weiterent-wick-lung	Vertrautheit mit Bekann-ten	Ich werde nicht blei-ben
1.	68	77	51	13	29	40
2.	28	51	55	22	48	22
Σ	96	128	106	35	77	66

Zwar sind Familie und Freunde wichtig, zwar ist Heimat wichtig – doch so sagt Julia Klöckner, CDU-Bundestagsabgeordnete aus Rheinland-Pfalz, „sie darf aber nicht zum Gefängnis, zur Sichtbehinderung werden."[33]

---

[33] Astheimer, S.: Zwischen Glamour und Gelände. In: Frankfurter Allgemeine Zeitung, 3./4. Januar 2009, Nr. 2. Frankfurt a. M. 2009. C 3.

9. Schlussfolgerung

Geht man lediglich vom Beschäftigungsverhältnis der Eltern aus, so sind die Grundlagen der Studierenden für unternehmerisches Denken und Handeln eingeschränkt. Da Eltern aber nicht alles entscheidend sind, kommt den anderen Sozialisationsagenturen wie Schule und Paargruppen eine ausschlaggebende Funktion zu. So diskutierte man im Freundeskreis über Privatwirtschaft und Existenzgründung, doch gingen von dort wenige Impulse aus, dieses auch in die Tat umzusetzen. Kreativität und die Ermunterung auf eigene Fähigkeiten zu vertrauen, waren stark ausgeprägt. Viele der Studierenden sind zwar künstlerisch interessiert, doch haben die meisten keine künstlerische Ambitionen. Nach dem Grad der Organisiertheit zieht der überwiegende Teil den Studierenden einen organisierten Urlaub vor.

Dreiviertel aller Studierenden treibt Sport, vorwiegend Ball-, Wasser- oder Kraftsport.

Für den überwiegenden Teil der Studierenden steht die berufliche Sicherheit bei der Berufswahl im Vordergrund. Dennoch glaubt eine Mehrheit daran, im Berufsalltag kreativ sein zu können.

Die Mehrheit der Studierenden ist anpassungsfähig und bereit, sich einzuordnen. Die eigene Meinung wird im Studium kaum vertreten, Kreativität wird am ehesten in der Freizeit, im Freundeskreis und in der Familie ausgelebt. Dieses Ergebnis kann nur teilweise berücksichtigt werden, da sich die Studierenden erst am Anfang ihres neuen Bildungsweges befinden und die Erfahrung, sich kreativ am Studium zu beteiligen, noch nicht ausreichend machen konnten.

Die Lieblingsfächer der Studierenden sind Mathematik und Sport. Kenntnisse über Wirtschaft – hier besonders der Gedanke des Unternehmertums – sind gering ausgeprägt. Wenngleich in der Schule ein eher positives Unternehmerbild vermittelt wurde, so wurde dessen gesellschaftliche Bedeutung nicht überall thematisiert. Gleiches gilt für kreative Lösungstechniken. Kreativität für die Zukunftsgestaltung hält die Hälfte der befragten Studierenden für bedeutungsvoll.

Freunde und Familie sind für die Studierenden die Motivatoren, Mecklenburg-Vorpommern nicht zu verlassen.

10. Die Vermittlung unternehmerischen Denken und Handelns

Unter dem Einfluss neuer technologischer Entwicklungen verändert sich die Welt schneller als bisher. Der globale Wettbewerb macht es schwieriger, sich ausschließlich im Wettbewerb gegenüber Konkurrenten zu behaupten. Entre- sowie Intrapreneure sind gefragt (Pinchot 1978)[34], neue Unternehmen bzw. bestehende Unternehmen an der Konkurrenz vorbei in neue Geschäftsfelder zu führen und neue Märkte zu erschließen. So erkennt Edward de Bono, dass mit wachsendem Wettbewerb die Notwendigkeit kreativen Denkens zunimmt. „Es ist nicht mehr genug, das Gleiche einfach besser zu machen ... Die Wirtschaft muss Schritt halten mit Veränderungen" (Edward de Bono 2004).[35] Dave Wilemon, Direktor des Entrepreneurship-Programms der Syracase-Universität fordert eine neue geistige Grundhaltung und neue Fähigkeiten. „Unternehmerisches Denken ist die Fähigkeit, Gelegenheiten zu erkennen, ist eine bestimmte Denkweise, ist die Fähigkeit, Ressourcen zu mobilisieren und zu organisieren, und ist eine Lebensphilosophie. Um heute erfolgreich zu sein, müssen Manager und Firmen unternehmerisch (entrepreneurial) denken" (D. Wilemon 2004).[36] Eine vergleichbare Einstellung vertritt das MIT, welches schlechthin als Brutstätte des Entrepreneurship gilt. „Entrepreneurship" ist das entscheidende Mittel, durch das neue Ideen, neuartige Ansätze und fortschrittliche Technologien kontinuierlich in die Geschäftswelt und die Märkte einfließen. In dieser Zeit des rasanten technologischen Wandels und des steigenden globalen Wettbewerbs ist es essenziell, den Spirit of Entrepreneurship zu fördern, der der nachhaltigen Wettbewerbsfähigkeit, dem Erfolg und dem Wohlstand der Gesellschaft zugrunde liegt" (MIT 2004).[37] Nun ist nicht jeder ein geborener Entrepreneuer. Zu viele Faktoren aus Umwelt und Familie hatten und haben Einfluss auf das unternehmerische (entrepreneurial) Denken und Handeln des Individuums. Aber wie Albert Einstein Physik büffelte oder Boris Becker im Tennistraining war, so können durch Lehreinheiten, in denen unternehmerisches Denken und Handeln gefördert wird, die individuellen unternehmerischen Kapazitäten und Kompetenzen deutlich gefördert werden.

In einer Zeit, die nicht nur schnelllebig ist, sondern von einer Informationsexplosion geprägt ist, kommt es darauf an, mit Kreativität, Risikoneigung und eigener innerer Überzeugung Initiativen für Innovationen zu entwickeln. Dies ist umso wichtiger, weil es vermehrt in einer globalisierten Gesellschaft darauf ankommt, nicht nur mit Erfindungen, sondern auch mit neuartigen Kom-

---

[34] Pinchot, G.: Intrapreneuring. Wiesbaden 1988.
[35] Edward de Bono's web. www.edwdebono.com.
[36] Syracuse University Center for Entrepreneurship. www.syr.edu.
[37] Massachusetts Institute of Technology. Center for Entrepreneurship. http://entrepreneurship.mit.edu.

binationen von Informationen Mehrwert zu schaffen, um ökonomisches Wachstum zu befördern.[38]

---

[38]   J. Ridderstråle, J. u. Nordström, K. A.: Funky Business Forever. München 2008.

11. Eine Frage der Kompetenz

Der Kompetenzbegriff geht u. a. auf das Kompetenzmodell der kritisch-konstruktiven Didaktik zurück und beinhaltet die Fähigkeit, Probleme zu lösen, sowie die Bereitschaft, dies auch zu tun und umzusetzen. In diesem Sinne lassen sich die Inhalte als Fähigkeit, Zuständigkeit und Bereitschaft umschreiben. So klar diese Inhalte zunächst auch sind, ist der Kompetenzbegriff dennoch je nach Verwendungszusammenhang vielschichtig. Generell lässt sich feststellen, dass Kompetenzen weniger eng auf Anforderungen von Berufen oder Tätigkeiten bezogen sind, sondern allgemeine Dispositionen von Menschen zur Bewältigung bestimmter lebensweltlichen Anforderungen darstellen.

Wie Jesper Bove-Nielsen es in puncto Kreativität formuliert , ist der Erwerb von Kompetenzen einem dauerhaften und allumfassenden Training unterworfen, zumal Kompetenzen, die nicht genutzt werden, früher oder später verloren gehen.[39]

Donald Kuratko stellte 2006 heraus, dass häufig genug – auch heute noch – mit den Methoden von damals Ergebnisse von und für morgen erwartet werden. Dass dies nicht möglich ist, liegt in der Natur der Sache begründet.

Um unternehmerisches Denken und Handeln nachhaltig zu befördern, heißt es, Didaktik und Pädagogik nach den Kompetenzen, die in diesem Kontext gefordert sind, auszurichten.

Die europäische Union hat die Bedeutung unternehmerischen Denkens und Handelns anerkannt und sie 2005 als unternehmerische Kompetenz zu Schlüsselkompetenzen für lebenslanges Lernen erhoben:

„Unternehmerisches Denken und Handeln ist die Fähigkeit, Ideen in die Tat umzusetzen. Dies erfordert Kreativität, Innovation und Risikobereitschaft sowie die Fähigkeit, Projekte zu planen und durchzuführen, um bestimmte Ziele zu erreichen. Zu den notwendigen Kenntnissen zählt, Chancen für persönliche, berufliche und/oder gewerbliche Tätigkeiten zu erkennen, einschließlich der „Größeren Zusammenhänge“, in denen Menschen leben und arbeiten, sowie ein umfassendes Verständnis der Funktionsweise der Wirtschaft und der Chancen und Herausforderungen, mit denen ein Arbeitgeber oder eine Organisation konfrontiert sind. Der Einzelne sollte sich außerdem der ethischen Stellung von Unternehmen und Unternehmern bewusst sein und wissen, dass diese durch fairen Handel und soziale Unternehmensführung Vorbildfunktion haben können. An Fähigkeiten gefordert ist aktives Projektmanagement (dazu zählen Planung, Organisation, Management, Führung und Delegation, Analyse, Kommunikation, Einsatzbesprechung, Beurteilung und Aufzeichnung) und die Fähigkeit, sowohl eigenständig als auch im Team zu arbeiten. Eine wesentliche Kompetenz ist die Einschätzung der eigenen

---

[39] Bove-Nielsen, J.: Corporate Kindergarten. København 2003.

Stärken und Schwächen sowie die Bewertung von Risiken und die Bereitschaft, gegebenenfalls Risiken einzugehen. Eine unternehmerische Einstellung ist gekennzeichnet durch Initiative, vorausschauendes Aktivwerden, Unabhängigkeit und Innovation im privaten und gesellschaftlichen Leben sowie im Beruf. Dazu gehört auch Motivation und Entschlossenheit, Ziele zu erreichen, ob nun persönlicher Art oder gemeinsame Ziele mit anderen und/oder bei der Arbeit."

Angesichts der raschen technischen und ökonomischen Entwicklungen gerät eine berufliche Bildung, die vornehmlich auf Fachqualifikationen ausgerichtet ist, sehr schnell in den Rückstand. Gerade in einer Welt wachsender Unsicherheiten kommt es in hohem Maße auf die Fähigkeit an, selbständig zu agieren und zu gestalten.

Die HS Wismar hat dementsprechend ein Modell generiert, das unternehmerisches Denken und Handeln als Querschnittsaufgabe in allen Studienangeboten fokussiert und nachstehende Kompetenzen priorisiert:

- **Entscheidungsfähigkeit**
- **Innovatives Denken, Kreativität, Denken in Zusammenhängen, Denken und Handeln in Alternativen, konzeptionelles und strategisches Denken**
- **Kommunikation, Verhandlungstechnik**
- **Problemorientierung, -lösung und Risikobereitschaft**
- **Networking**
- **Identifikation und Evaluation von Geschäftsgelegenheiten**
- **Team- und Selbstorientierung**
- **Ökologie und Ethik**
- **Interkulturelles Handeln**
- **Führungskompetenz**

12. Ziel und Methode

Mit dem Ziel, unternehmerisches Denken und Handeln in allen Studienpro-grammen zu verankern, hat die Hochschule Wismar einen Weg beschritten, der durchaus ehrgeizig ist und einer kopernikarischen Wende in der Lehrpra-xis nahe kommt. Sie hat damit zunächst den Pfad von der Einrichtung eines Gründungslehrstuhls verlassen, weil sie erkannt hat, dass unternehmeri-sches Denken und Handeln mehr ist als nur das Gründen von Unternehmen.

Unternehmerisches Denken und Handeln ist ein Prozess des Problemlösens, das auf allen Ebenen des Lebens stattfindet, sei es in einfacher Art – je nach Vernetzungsgrad – oder komplexer Art. Unternehmerisches Denken und Handeln ist eine Geisteshaltung.

Um dieses Konzept zu befördern, ist es zielführend, den Durchdringungsgrad oder auch Ist-Stand im Sinne der empirischen Bildungsforschung festzustel-len. Zu diesem Zweck wurden die Curricula der Studienangebote in Hinblick auf die zuvor ausgewiesenen Kompetenzen evaluiert. Dies erlaubt, ggf. Schwachstellen auszuweisen und dementsprechend Kontakt zu den Dozen-ten aufzunehmen mit dem Ziel, sie von der Notwendigkeit zu überzeugen, vermehrt Kompetenzen des unternehmerischen Denken und Handelns in ihre Curricula zu integrieren.

13. Evaluation

Die Evaluation bzgl. der Vermittlung unternehmerischen Denken und Handelns umfasst die drei Fakultäten:

- Fakultät für Wirtschaftswissenschaften
- Fakultät für Ingenieurwissenschaften
- Fakultät Gestaltung

Hierbei geht es darum herauszufinden, welche Kompetenzen des Kompetenzmodells der Hochschule Wismar bereits vermittelt werden bzw. welche noch stärker in die Vermittlung zu integrieren sind, um eine erfolgreiche Implementierung unternehmerischen Denken und Handelns zu gewährleisten.

13.1 Grad der Implementierung in den Studiengängen

Master-Studiengang Digitale Logistik und Management

Kompetenzen / Studienjahr	Entscheidungs fähigkeit	Innovatives Denken	Kommunikation	Interkulturelles Handeln	Führungskom petenz
1.Studienjahr	Verkehrslogistik	Internationale Wirtschaftsbeziehungen	Intenationaltechno logie in Unternehmen	Interkultural Management und Leadership	Strategisches Management
	Grundlagen der Logistik	Wirtschafts- und Logistikrecht	Betriebliche Logistik	Business Intelligence	Operations Management/ Research
	Supply Chain Management				
1.Studienjahr	Master Seminar	Thesis			

Bachelor-Studiengang BWL

Kompetenzen / Studienjahr	Entscheidungs fähigkeit	Kommunikation	Problemorienti erun und - lösung	Team- und Selbstorientier ung	Interkulturelles Handeln
1.Studienjahr	Lineare Algebra	Marketing- Vertrieb	Einführung in BWL	Unternehmensfüh rung	Wirtschaftsrecht
	Buchführung und Bilanzierung	Mikroökonomie	Soft Skills I	Finanzierung	KLR
	Steuerlehre	Analysis			
2.Studienjahr	Material- und Produktionswirts chaft/Logistik	Investition	Controlling	Makroökonomie	Personalwirtschaft
	Wirtschaftinform atik	Entreprise Resource Planning	Operations Research/Entsche idungstheorie	Statistik	
2.Studienjahr		Projekt-, Prozess- und Innovationsmanag ement	Unternehmenssi mulation	Europäische Wirtschaftspolitik	
4.Studienjahr	Bilanzanalyse und Bilanzpolitik	Softskills II			

Deutsch-polnischer Master-Studiengang Wirtschaftsinformatik

Kompetenzen / Studienjahr	Kommunikation	Problemorientierung und -lösung	Team- und Selbstorientierung	Ökologie und Ethik
1.Studienjahr	BWL 1	Grundlagen des Rechts I	Grundlagen des Rechts II	Grundlagen des Rechts III
	Grundlagen des Rechts IV	BWL 2	Rechnungswesen	Skills 1
	Skills 2	VWL 1	Soziologie	Empirische Sozialforschung
2.Studienjahr	VWL 2	BWL 3	Skills 3	Personal und soziale Kompetenz
	Sozialrecht I	Sozialrecht II	Arbeits- und Dienstrecht	Betriebliche Finanzwirtschatf
	Evaluation und Statistik	Sozialpolitik	System sozialer Dienstleistungen	
3.Studienjahr	Verwaltungslehre	Angewandte BWL	Sozialethik	Ausgewählte Rechtsbereiche
	Sozialrecht III	Controlling	Qualitätsmanagement (Projekt)	

Master of Arts (Tax and Business Consulting)

Kompetenzen / Studienjahr	Innovatives Denken	Kommunikation	Problemorientierung und -lösung	Team- und Selbstorientierung	Führungskompetenz
1.Studienjahr	Strategische Unternehmenberatung	Logik und Methodik wissenschaftlicher Forschung	Investitions- und Finanzierungsberatung	Bilanzierung nach nat. u. internat. Rechnungsreglungvorschriften	KMU- Controlling
	Besteuerung der Umstrukturierung von Unternehmen	Betriebliches Prüfungswesen	Besteuerung der Gesellschaften	Besteuerung der Unternehmernachfolge u. des Unternehmensverkaufs	Systematische Beratungslehre
2.Studienjahr			Simulationsgeschützte Unternehmensführung u. Beratung	Existenzgründungsberatung	

Bachelor-Studiengang Wirtschaftsrecht

Kompetenzen / Studienjahr	Entscheidungsf ähigkeit	Innovatives Denken	Kommunikation	Problemorienti erung und – lösung	Team- und Selbstorientier ung
1.Studienjahr	Grundlagen des Rechts und der Rechtsanwendung	Wirtschaftsprivatr echt 1	Arbeitsrecht	Wirtschaftsrechtlic he Fallstudien 1 – 6	Rechnungswesen
	BWL 1	Kommunikationstr aining	Teamtraining	Bwl 2	Englisch
2.Studienjahr	Wirtschaftsprivatr echt 2	BWL 3	Instrumente der juristischen Praxis	Europarecht	BWL 4
	Englisch	Gesellschaftsrecht	Verhandlungstech nik		
2.Studienjahr	Vertiefung Zivlrecht	Vertragsgestaltung	Enterprise Resource Planning	Steuerrecht	Öffentliches Recht
	BWL 5	Verhandlungstech nik	BWL 6		

Master-Studiengang Wirtschaftsrecht

Kompetenzen / Studienjahr	Innovatives Denken	Kommunikation	Problemorienti erung und – lösung	Ökologie und Ethik	Interkulturelles Handeln
1.Studienjahr	Unternehmensrecht	Vertiefung Vertragsrecht	Juristische Methodenlehre und wissenschaftliche Schreiben	Interdisziplinäre Fallstudien 1	Controlling
	Juristische Projekte	Interdisziplinäre Fallstudien 2			
2.Studienjahr	Juristische Methodenlehre und wissenschaftliche Schreiben	Interdisziplinäre Fallstudien 3 + 4	Juristische Projekte	Wirtschaftsverfass ung und Gerechtigkeit	Wirtschaftsenglis ch

Master-Studiengang Architectural Lighting Design

Kompetenzen / Studienjahr	Problemorientierung und -lösung	Identifikation und Evaluation	Team- und Selbstorientierung	Interkulturelles Handeln
1.Studienjahr	Lighting Science	Lighting Design	Lighting Design and Technologie	Design Project I
	Lighting Design and Sustainable Building I	Design Project II	Lighting Design and Economics	Foreign language
2.Studienjahr	Lighting Design and Technologie II	Praxis Project	Lighting Design and Sustainable Building II	

Master-Studiengang Architectural Lighting Design

Kompetenzen / Studienjahr	Innovatives Denken	Kommunikation	Problemorientierung und -lösung
1.Studienjahr	Entwerfen und Gestalten I	Entwerfen und Gestalten II	Baugeschichte/Denkmalpflege
	Entwerfen und Konstruieren I	Entwerfen und Konstruieren II	Baurecht/Baubetrieb I
	Technisches Englisch		
2.Studienjahr	Entwerfen und Gestalten III	Entwerfen und Gestalten IV	Entwerfen und Konstruieren III
	Entwerfen und Konstruieren IV	Baubetrieb II/BWL	Entwurfsprojekt I
3.Studienjahr	Planen und Bauen im Bestand	Stegreifentwerfen	Entwurfsprojekt II
	Entwurfsprojekt III		

Bachelorstudiengang Bauingenieurwesen

Kompetenzen / Studienjahr	Innovatives Denken		Problemorientierun und Problemlösung	
1.Studienjahr	Mathematik I	Mathematik II	Informatik	Darstellende Geometrie
	Baustofftechnologie	Bauchemie und Baustoffkunde	Baukonstruktion I	Bauphysik I
	Technische Mechanik I	Technische Mechanik II	Vermessungskunde I	
2.Studienjahr	Baukonstruktion II	Hydromechanik	Geotechnik I	Baurecht I
	Tragwerkslehre/Mauerwerksbau	Baustatik	Stahlbau I	Holzbau Geotechnik II
	Siedlungswasserwirtschaft I	Bauwirtschaft I	Baubetrieb I	
3.Studienjahr	Stahlbetonbau I	Holzbau I	Siedlungswasserwirtschaft 1	Baubetrieb 1
	Verkehrsplanung 1	Straßen-/Schienenverkehrwesen 1	Technisches Englisch	Wasserbau 1
	Bauwirtschaft/Baubetrieb/Baurecht II			

Master-Studiengang Bauingenieurwesen

Kompetenzen / Studienjahr	Kommunikation		
	Mathematik III	Bauinformatik	Baustatik II
	Technische Mechanik III	Soft Skills I	

Dualer Bachelor-Studiengang Bauingenieurwesen

Kompetenzen / Studienjahr	Innovatives Denken		Problemorientierun und -lösung	
1.Studienjahr	Darstellende Geometrie/CAD	Baustofftechnologie	Bauchemie und Baustoffkunde	Baukonstruktion I
	Bauphzsik I			
2.Studienjahr	Mathematik I	Mathematik II	Informatik	Technische Mechanik I
	Technische Mechanik II	Geotechnik I		
3.Studienjahr	Baukonstruktion II	Hydromechanik	Vermessungskunde I	Baurecht I
	Tragwerkslehre/Mauerbau	Baustatik I	Stahlbetonbau	Stahlbau I
	Geotechnik II	Siedlungswasserwirtschaft I	Bauwirtschaft I	Baubetrieb 1
4.Studienjahr	Stahlbetonbau I	Holzbau	Siedlungswasserwirtschaft 3	Straßen-/ Schienenverkehrswesen
	Bauwirtschaft/Baubetrieb/Baurecht II	Wasserbau I	Verkehrsplanung I	Technisches Englisch

Masterstudiengang Pflege des Bauerbes

Kompetenzen / Studienjahr	Innovatives Denken	Kommunikation	Problemorientierun und -lösung	Team- und Selbstorientierung
1.Studienjahr	Detailplanung im Bestand	Soft Skills	Planen und Entwerfen im Bestand	Denkmalpflege/Denkmalschutz
	Historische Baukonstruktion/Bauphysik	Baugeschichte	Bestandsaufnahme/ Dokumentation	Interdisziplinäres Projekt
	Tragwerksinstandsetzung	Holzschutz/Holzschädlinge	Anstriche Beschichtungen	
2.Studienjahr	Baustofflehre/Beton- und Mauerwerkinstandsetzung	Stadterneuerung	Sanierungskosten und –verfahren	Interdisziplinäres Projekt
	Planen und Entwerfen im Bestand			

Bachelor-Studiengang Maschinenbau

Kompetenzen / Studienjahr	Innovatives Denken	Kommunikation	Problemorientierung und -lösung	Team- und Selbstorientierung	Führungskompetenz
1.Studienjahr	Mathematik I	Mathematik II	Physik	Informatik/Grundlagen	Technische Mechanik
	Technische Mechanik II	Maschinenelemente/Apparate/CAD I	Maschinenelemente/Apparate/CAD II	Werkstoffkunde	Fertigungstechnik
	Grundlagen der Elektrotechnik u. Elektr. Maschinen u. Antriebe	Präsentationstechniken	Technisches Englisch		
2.Studienjahr	Mathematik III	Mathematik IV	Technische Mechanik III	Technische Mechanik IV	Thermodynamik/Strömungslehre
	Maschinenelemente/Apparate/CAD III	Werkstoffkunde	Fertigungstechnik/Grundlage I + II	Grundlagen der Elektrotechnik u. Elektr. Maschinen u. Antriebe	Mess-, Steuerungs- und Regelungstechnik
	Angewandte Informatik/Numerik	Kostenrechnung	Industrial Design		
3.Studienjahr	Höhere Technische Mechanik	Hydraulik/Pneumatik	Getriebetechnik	Produktionsorganisation/Fertigungsverfahren	Kraft- und Arbeitsmaschinen
	Arbeitssicherheit/Immisionsschutz	Kunststofftechnik	Spezielle Werkstoffe und Verarbeitungstechnologien	Mechatronik	Managementmethoden
	Thermische Verfahrenstechnik	Projekt A	Werkzeugmaschinen	Projekt B	

Bachelorstudiengang Verfahrens- und Umwelttechnik

Kompetenzen / Studienjahr	Innovatives Denken	Problemorientierung und -lösung	Team- und Selbstorientierung	Ökologie und Ethik
1.Studienjahr	Mathematik I	Mathematik II	Physik	Technische Mechanik I und II
	Thermodynamik/Strömungslehre I	Maschinenelemente/Apparate/CAD I und II	Verfahrenstechnische Arbeitsmethoden	Chemie
	Technisches Englisch			
2.Studienjahr	Mathematik III	Informatik Grundlagen	Thermodynamik/Strömungslehre II	Ökologie
	Werkstoffkunde	Grundlagen der Elektrotechnik u. Elektr. Maschinen und Antriebe	Physikalische Chemie	Verfahrenstechnisches Praktikum
	Thermische Verfahrenstechnik I und II	Mechanische Verfahrenstechnik I und II	Biologie	Biochemie
	Kostenrechnung			
3. Studienjahr	Mess-, Steuerungs- und Regelungstechnik	Projekt- und Anlagenmanagement	Kraft- und Arbeitsmaschinen/Energietechnik	Umweltanalytik
	Chemische Verfahrenstechnik	Arbeitssicherheit/Immissionsschutz	Wissenschaftliche Projektarbeit	Verfahrenstechnischer Projektierungskurs

Dualer Bachelor-Studiengang Schiffsbetriebstechnik

Kompetenzen / Studienjahr	Innovatives Denken	Kommunikation	Problemorientie rung und -lösung	Team- und Selbstorientieru ng	Ökologie und Ethik	Führungsko mpetenz
2.Studienjahr	Allgemeines Recht	Elektrotechnik/E lektronik	Chemie/Gefahrstof fe im Seeverkehr	Informatik	Mess- und Regelungstech nik	BWL
	Mathematik I	Mathematik II	Physik	Technische Mechanik	Soziologie, Psychologie	Thermodyna mik I
	Werkstofftechnik	Maritim-Technisches Englisch				
4.Studienjahr	Maritime Verkehrssicherhei t/Brandschutz	Maschinenelem ente	Thermodynamik II	Arbeitsmaschinen	Maritime Versorgungssys teme u. Decksmaschine n	Verbrennungs motoren/Turb inen
	Dampf-, Kälte- und Klimatechnik	Betriebsstoffe	Schiffbau/-theorie	Elektrische Maschinen, Antriebe u. Leistungselektr.	Technische Betriebsführun g/Tankschifffah rt	Verwaltung u. Umwelt/Anla genbetriebswi rtschaft
	Personalführung/ Sicherheit					
3.Studienjahr	Schiffsmaschinen anlagen	Schiffsdieselmot oren und Anlagen	Maschinendynami k	Gesundheitspflege	Schiffsinstandh altung	Elektrische Maschinen u Leistungselekt ronik
	Dampf-, Kälte- und Klimatechnik	Schiffselektrotec hnik	Projektwoche	Automatisierungst echnik I	Komplexer Schiffsbetrieb	Schiffsautoma tisierung

Bachelor-Studiengang „Schiffsbetriebs-, Anlagen- und Versorgungstechnik"

Kompetenzen / Studienjahr	Problemorientierung und -lösung	Kommunikation	Ökologie und Ethik	Team-und Selbstorientierung
1.Studienjahr	Allgemeines Recht	BWL	Technische Mechanik	Thermodynamik I
	Technisches Englisch	Elektrotechnik/Elektronik	Informatik	Werkstofftechnik
	Mathematik I	Mathematik II	Physik	Soziologie/Psychologie
	Mess-und Regelungstechnik	Chemie/Gefahrstoffe im Seeverkehr		
2. Studienjahr	Brandschutz	Maschinenelemente	Thermodynamik II	Konstruktion/CAD 1
	Arbeitsmaschinen	Anlagentechnische Versorgungssysteme und Fördertechnik	Energieanlagen	Elektrische Maschinen, Antriebe und Leistungselektronik
	Verbrennungsmotoren/Turbinen	Maschinendynamik	Dampf-, Kälte- und Klimatechnik	Betriebsstoffe/Gefahrstoffe
	Anlagenbetrieb			
3. Studienjahr	Energieanlagen	Verbrennungsmotoren und Anlagen	Dampf-, Kälte- und Klimatechnik	Elektrische Energieversorgung
	Instandhaltung	Heizungstechnik	Elektrische Maschinen, Antriebe und Leistungselektronik	Automatisierungstechnik I
	Automatisierungstechnik II			
4. Studienjahr	Anlagenbetrieb	Versorgungstechnik	Konstruktion/CAD II	Projektwoche
	Recht für Ingenieure/ Anlagenbetriebswirtschaft			

Studiengang Master Process, Communication and Information Engineering

Kompetenzen / Studienjahr		
1. Studienjahr	Mathematik III	Theoretische Elektrotechnik
	Nachrichtensysteme	Regelungstechnik II
	Mikroprozessortechnik	Schaltkreislauf
	Computational Engineering II	

Master-Studiengang Process Automation

Kompetenzen / Studienjahr	Problemorientierung und -lösung	Team - und Selbstorientierung
1. Studienjahr	Automation Systems 2	Control Systems II
	Antriebssysteme	Robotics
	Sensor Systems	Building Automation
	Mikroprozessortechnik II	Mikrosystemtechnik II
	Computational Engineering II	Qualitäts- und Projektmanagement

Master of Science in Industrial Automation

Kompetenzen / Studienjahr	Innovatives Denken, Denken	Problem-orientierung und -lösung	Führungs-kompetenz	Kommunika-tion
1.Studienjahr	Robotics	Microcontroller Technology	Computation ai Engineering	Sensor Systems
	Quality and Project Management	Advanced Control	Motion Control	Computer Networks and Security
	Image Processing	General Management		

Master-Fernstudiengang Qualitätsmanagement

Kompetenzen / Studienjahr	Innovatives Denken, Denken	Ökologie und Ethik	Team- und Selbstorientierung
1.Studienjahr	Statistische Methoden der Qualitätssicherung	Zuverlässigkeit technischer Systeme	Statistische Tolerierung
	Elemente des Qualitätsmanagements	Qualitätskosten	Metrologie
	Qualitätsplanung und Qualitätslenkung	Zerstörungsfreie Werkstoffprüfung	Umweltmanagement
	Projekt		
2.Studienjahr	Projekt	Projektmanagement/ integriertes Management	Qualitätsaudit und Produkthaftung
	Rechnerunterstützte Qualitätssicherung	Prüfmittelmanagement	Methoden des Qualitäts- und Innovationsmanagement

Master-Studiengang Multimedia Engineering

Kompetenzen / Studienjahr	Führungskompetenz	Innovatives Denken, Denken
1.Studienjahr	Mathematik III	Qualitäts- und Projektmanagement
	Netzprogrammierung	Netzprogrammierung
	Bildverarbeitung	Spezielle Programmieraspekte
	Projekt Sofware-Engineering	Multimedia-Projekt

Bachelor-Fernstudiengang Wirtschaftsinformatik

Kompetenzen / Studienjahr	Problemorientierung und lösung	Team- und Selbstorientierung	Innovatives Denken, Denken	Kommunikation	Entscheidungsfähigkeit
1.Studienjahr	Einführung in die BWL	VWL	Buchführung und Bilanzierung	KLR	Material- und Produktionswirtschaft
	Finanzierung	Marketing	Lineare Systeme	Analysis/Wahrscheinlichkeitsrechnung	
2.Studienjahr	Wirtschaftsrecht	Einführung in die Wirtschaftsinformatik	Datenbanken und Datenmodellierung	Anwendungsprogrammierung	Einführung in die Programmierung
	Betriebssysteme	Wirtschaftsinformatikprojekt Einführung	Englisch	Wirtschaftsinformatik Projekt I	
3. Studienjahr	Statistik	Informationsmanagement	Künstliche Intelligenz	Organisationsentwicklung	Systemanalyse und Softwaretechnik
	Theoretische Informatik	Systemprogrammierung	Kommunikationssysteme	Wirtschaftsinformatik Projekt II	Methoden- und Sozialkompetenz
4.Studienjahr	Enterprise Resource Management	Operations Research			

Fernstudiengang Wirtschaftsinformatik – Master of Science

Kompetenzen / Studienjahr	Team- und Selbstorientierung	Kommunikation	Führungskompetenz	Problemorientierung und -lösung	Innovatives Denken,	Interkulturelles Handeln
1.Studienjahr	Controlling	Business Communication	Personalmanagement	Projektmanagement	Spezielle mathematische Methoden	Verteilte Informationssysteme
	Informatikrecht	Betriebliche Anwendungssysteme	Spezialisierung A	Spezialisierung B		
2.Studienjahr	Intercultural Studies	Formale Methoden Wirtschaftsinformatik	Systementwurf Softwaretechnik	Datenbanksysteme	Spezialisierung A	Spezialisierung B
	Master-Seminar					

Bachelor-Online-Fernstudiengang Wirtschaftsrecht

Kompetenzen / Studienjahr	Innovatives Denken, Denken	Kommunikation	Entscheidungsfähigkeit	Führungskompetenz	Team- und Selbstorientierung
1. Studienjahr	Grundlagen des Rechts 1	Grundlagen des Rechts 2	Klausuren Kurs Rechtswissenschaft 1	Wirtschaftsprivatrecht	Klausuren Kurs Rechtswissenschaft 2
	Wirtschaftsprivatrecht 2	Finanzbuchhaltung	VWL für Wirtschaftsjuristen/Einführung in die BWL		
2. Studienjahr	Wirtschaftsprivatrecht 3	Klausurenkurs Rechtswissenschaft 3	Wirtschaftsprivatrecht 4	Fallstudien 1	Arbeitsrecht
	Gesellschaftsrecht	Bilanzierung	Investition und Finanzierung	Personalmanagement	Verhandlungsführung/Interkulturelles Training
3. Studienjahr	Vertragsgestaltung und -verhandlung	Fallstudien 2	Vertiefung Zivilrecht	Europarecht	Öffentliches Recht
	Rechtsdurchsetzung	Steuerrecht	Einführung in das Controlling	Managementmethode	Internationale Rechnungslegung
	Praktikum				
4. Studienjahr	Thesis-Seminar/Präsentationstechniken	Juristische Kompetenzen			

Master-Fernstudiengang Architektur und Umwelt

Kompetenzen / Studienjahr	Ökologie und Ethik	Problemorientierung und -lösung	Innovatives Denken, Denken
1. Studienjahr	Grundlagen	Ökosysteme	Materialien/Produktion
	Ökologisches Bauen	Planung und Entwurf	Entwerfen und Baukonstruktion
	Projekt	Energie	Bauphysik
	Sondergebiet ENEV	Sondergebiet Altbausanierung	Baustoffe/Schadstoffe
	Gebäude und Gebäudeumfeld	Ökologische Gesamtkonzepte	Das Gebäude und sein Umfeld
	Stadtökologie	Entwerfen und technischer Ausbau	Gebäudetechnik
	Wasser und Landschaft	Gebäudebewertung/Gebäudepass	
2. Studienjahr	Wasser und Landschaft	Bebaute Landschaft/Kulturlandschaft	Städtebau
	Stadtplanung und Infrastruktur	Projekt	Der Stadtraum
	Städtebau und Entwerfen	Masterseminar	

Master-Fernstudiengang Bautenschutz

Kompetenzen / Studienjahr	Ökologie und Ethik	Problemorientierung und -lösung	Identifikation und Evaluation
1. Studienjahr	Sanierungsbaustoffe	Natursteinsanierung	Abdichtungs- und Trocknungsverfahren
	Mikroorganismen und Baustoffe	Bekämpfender Holzschutz	Abdichtungs-/Entsalzungsverfahren
	Baustoffrecycling	Messung sanierungsrelevanter Baugrößen	Modellierung Wärme- und Feuchtetransport
	Konstruktiver Holzschutz	Lahmbausanierung	
2. Studienjahr	Betonsanierung	Fassadensanierung	Energetische Gebäudesanierung
	Denkmalpflege und -schutz	Sanierungsplanung	Sachverständigentätigkeit
	Spezialseminar Bautenschutz		

Bachelor-Fernstudiengang BWL

Kompetenzen / Studienjahr	Kommuni-kation	Problem-orientie-rung und -lösung	Innovatives Denken, Denken	Entschei-dungsfähig-keit	Führungskom-petenz	Team- und Selbstorientie-rung
1. Studienjahr	Einführung in die BWL	Marketing-Vertrieb	Material- und Produktionswirtschaft/Logistik	Investition	Buchführung und Bilanzierung	Lineare Algebra/Lineare Optimierung
	Finanzierung	Mikroökonomie	Makroökonomie			
2. Studienjahr	KLR	Steuerlehre	Einführung in das Controlling	Unternehmensführung	Wirtschaftsrecht	Soft Skills I: Wissenschaftliches Arbeiten
	Wirtschafts-informatik	Enterprise Resource Planning/Betriebliche Software	Operations Research/Ent-scheidungs-theorie			
3. Studienjahr	Bilanzana-lyse und Bilanzpolitik, Internet-Rechnungs-legung	Europäische Wirtschafts-politik	Personalwirtschaft	Projekt-, Prozess- und Innovations-management	Soft Skills II: Präsentations-technik	Business Communication
4. Studienjahr	Unternehm-enssimula-tion					

Master-Fernstudiengang Business Systems

Kompetenzen / Studienjahr	Problem-orientier-ung und -lösung	Kommuni-kation	Networking	Innovatives Denken, Denken	Entscheidungs-fähigkeit	Team- und Selbstorientierung
1.Studienjahr	Informa-tion Technology in Business	Business Process Design	Project Management	Integrative Industrial Thought	Knowledge Management	Database Systems and Data Management
	Computer Models for Business Decision	Business Systems Project 1				
2. Studienjahr	Software Systems Design and Develop-ment	Enterprise Resource Planning Systems	Business Systems Project 2			

Master-Fernstudiengang Facility Management

Kompetenzen / Studienjahr	Ökologie und Ethik	Problemorien-tierung und -lösung,	Kommunikation	Führungskompe-tenz	Innovatives Denken, Denken
1.Studienjahr	Gebäudeent-wurf und Konstruktion	Baustofflehre	BWL	Grundlagen Informatik	Facility Management I und CAFM I
	Corporate Real Estate Management I	Infrastruktur-elles Gebäudemana-gement	Technisches Gebäudemana-gement	Kaufmännisches Gebäudemana-gement I/	
2. Studienjahr	Facility Management und CAFM II/Projektman-agement	Kaufmännisches Gebäudemana-gement II	Corporate Real Estate Management II	Präsentation und Rhetorik	Personalführung
	Gebäude-automation	Informatik II	Technisches Gebäudemana-gement II//Energiemana-gement		

Master-Fernstudiengang Business-Consulting

Kompetenzen / Studienjahr	Kommunikation	Führungskompetenz
1.Studienjahr	Grundlagen der Unternehmensberatung	Personalberatung und Coaching
	Investitions- und Finanzierungsberatung	Existenzgründungsberatung
	Fallstudie zur Existenzgründungsberatung	Strategische Unternehmensberatung
	KMU-Controlling	Unternehmens- und Bilanzanalyse
	Präsentation und Rhetorik	Fallstudie zum operativen und strategischen Controlling
2. Studienjahr	Corporate Finance-Beratung	Prozess- und Organisationsberatung
	Sanierungsberatung	Fallstudie zur Sanierungs-/Prozessberatung
	Unternehmungsplanspiel	

Master-Fernstudiengang Vertrieb und Marketing/Sales and Marketing

Kompetenzen / Studienjahr	Problemorientierung und -lösung	Führungskompetenz	Kommunikation
1.Studienjahr	Wissenschaftliches Arbeiten	Unternehmensstrategie	Grundlagen des Marketing
	Grundlagen des Vertriebes	Ethische, soziale und kulturelle Aspekte	Soziale Kompetenzen
	Marktforschung	Vertriebsorganisation	Verkaufspsychologie
	Marketingkonzepte	Projektmanagement	Marketing-Recht
2. Studienjahr	Konsumentenverhalten	Vertriebs-Controlling	Quantitatives Marketing
	Costumer Relationship Marketing	Online-Marketing	Praktische Marktforschung

14. Ergebnis

Insgesamt wurden 681 Fächer bzgl. des Inhalts „unternehmerisches Denken und Handeln" und der Vermittlung der entsprechenden Kompetenzen untersucht. Dabei sind in 267 Fächern bzgl. der „learning outcomes" entsprechende Inhalte vorhanden. Bricht man das Ergebnis herunter auf die einzelnen Kompetenzen, so ergibt sich:

- Problemorientierung, -lösung, Risikobereitschaft   39,9 %
- Innovatives Denken, Kreativität, Denken in Zusammenhängen,
- Denken und Handeln in Alternativen,
- konzeptionelles und strategisches Denken,   14,9 %
- Kommunikation, Verhandlungstechnik   14,2 %
- Team- und Selbstorientierung   8,9 %
- Ökologie und Ethik   7,8 %
- Führungskompetenz   7,4 %
- Entscheidungsfähigkeit   4,1 %
- Interkulturelles Handeln   1,8 %
- Identifikation und Evaluation von Geschäftsgelegenheiten   1,1 %
- Networking   0,3 %

Schwerpunkt der Vermittlung unternehmerischen Denken und Handelns ist die „Problemorientierung, -lösung und Risikobereitschaft". Dieses korreliert auch mit dem Ergebnis der Befragung von 109 Unternehmern/Unternehmerinnen, welche das Gründerbüro an der Hochschule Wismar 2009 durchgeführt hat. In dieser Befragung wurde die höchste Bedeutsamkeit der Problemorientierung zugeschrieben.

Dieses Ergebnis wurde in der Modulauswertung bestätigt. „Innovatives Denken, Denken in Zusammenhängen, Kreativität etc." wie auch „Kommunikation und Verhandlungstechnik" nehmen bei der Modulauswertung die Plätze 2 und 3 ein.

Abgeschlagen folgen die übrigen Kompetenzfelder, wobei es besonders hart die Kompetenzen „Interkulturelles Handeln", „Identifikation und Evaluation von Geschäftsgelegenheiten" und das „Networking" trifft. Damit werden wichtige Bausteine unternehmerischen Handelns nicht bzw. nur teilweise vermittelt. Eine ausgewogene und strukturierte Vermittlung der einzelnen Kompetenzen unternehmerischen Denken und Handelns muss forciert werden. Allan Gibb (2005), Nestor der englischen Entrepreneurship-Forschung, spricht von nachhaltiger Wirkung bzgl. der Vermittlung unternehmerischen Denkens, wenn drei Prämissen erfüllt bzw. teilweise erfüllt sind:

- Lernen für Entrepreneurship
- Lernen über Entrepreneurship
- Lernen durch Entrepreneurship[40]

In allen Studiengängen wird Entrepreneurship in unterschiedlicher Ausprägung gelehrt und gelernt.

Lernen durch und über Entrepreneurship findet ansatzweise statt.

Die Hochschule Wismar kann nach dieser Evaluierung erste Teilerfolge bei der Implementierung der Gründungslehre nachweisen. Nun gilt es, diesen Weg fortzuführen und entsprechende Maßnahmen und Aktivitäten durchzuführen, um an diese Ergebnisse anzuknüpfen.

---

[40] Gibb, A.: Towards the Entrepreneurial University. Birmingham 2006.

15. Befragung der Alumni

Alumni – der Begriff wurde in den 80er Jahren in die deutsche Sprache eingeführt – sind ein wichtiges Bindeglied zwischen Hochschule und Erwerbsleben. Als unternehmerische Hochschule misst die Hochschule Wismar den Alumni große Bedeutung bei, da sie durch ihre Erfahrungen den Studierenden eine Hilfestellung für das Berufsleben sind. Diese Erfahrungen können sowohl positiv als auch negativ in Form von Rückschlägen sein.

Wichtig ist in diesem Zusammenhang lediglich, wie die Alumni mit den Fehlern umgegangen sind, wie sie die Probleme gelöst und was sie daraus gelernt haben. Es kommt darauf an, die Alumni stärker in den Lehrbetrieb einzubinden, um erstens vom dort vorhandenen Wissen zu profitieren und zweitens neues bzw. anderes Wissen zurückzugeben. Dies fördert sowohl den fachlichen Austausch als auch die soziale Verbindung zwischen Hochschule und ihren ehemaligen Studierenden und den derzeitig Studierenden.

Im Mai 2008 hat die Hochschule ihren Alumni einen Fragebogen überreicht, um in Erfahrung zu bringen, was aus ihren Absolventen geworden ist. Zum Anlass wurde die 100-Jahr-Feier der HS genommen, da sich an diesen Tagen besonders viele Alumni auf dem Campus zu den verschiedenen Veranstaltungen trafen. Studentische Hilfskräfte verteilten die Fragenbögen oder interviewten die Teilnehmer. Von besonderem Interesse war dabei die Frage, welche unternehmerischen Kompetenzen im Beruf erwartet wurden/werden bis hin zur Selbständigkeit. Wichtig war ebenfalls, wie die Hochschule Wismar in den unterschiedlichen Jahrgängen die Vermittlung des unternehmerischen Denkens und Handelns gefördert hat und wie sich eine evtl. Förderung durch die HS auf den beruflichen Werdegang ausgewirkt hat.

16. Auswertung

Auf die Frage, welcher Studiengang absolviert wurde, antworteten 178 von 187 Befragten. Das entspricht einem Rücklauf von 92%.

Gliedert man nach den **Studiengängen** auf, so ergibt sich:

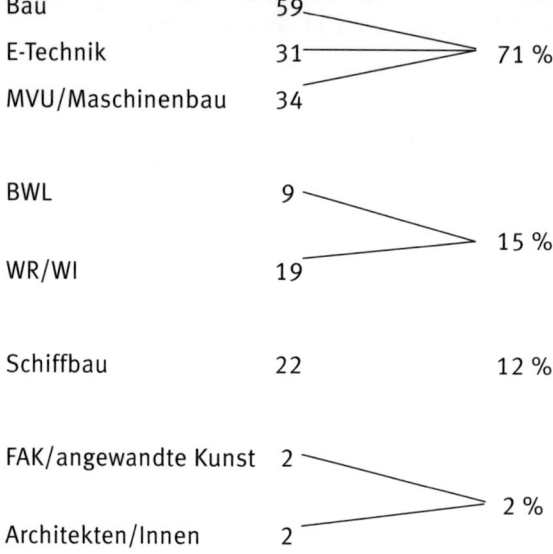

Bau	59	
E-Technik	31	71 %
MVU/Maschinenbau	34	

| BWL | 9 | |
| WR/WI | 19 | 15 % |

| Schiffbau | 22 | 12 % |

| FAK/angewandte Kunst | 2 | |
| Architekten/Innen | 2 | 2 % |

Nach den **ausgeübten Tätigkeiten** befragt, antworteten 172 Befragte:

Führungskraft im mittleren Management	45	26,2 %
Fachkraft	40	23,3 %
Sonstiges	35	20,3 %
Unternehmer/in	27	15,7 %
Geschäftsführer	14	8,1 %
Arbeitssuchend	6	3,5 %
Führungskraft im Top Management	5	2,9 %

Festzustellen ist, dass 15 % der Befragten (27) unmittelbar unternehmerisch tätig geworden sind.

100 % der Befragten waren **im Inland tätig**.

Alle Unternehmer, Führungskräfte und Freiberufler / Sonstige (insg. 43 Personen) wurden im Besonderen gefragt, wann sie sich selbständig gemacht haben. Die Auswertung ergab folgendes:

während des Studiums	3
innerhalb eines Jahres nach Studierende	1
innerhalb von drei Jahren nach Studierende	2
nach drei oder mehr Jahren nach Studierende	37

86 % der Befragten (37 Personen) gaben an, sich nach drei oder mehr Jahren nach Studierende selbständig gemacht zu haben.

Von den 50 direkt oder indirekt unternehmerisch Tätigen antworteten 46 auf die Frage, ob sie bei der Unternehmensgründung Hilfe in Anspruch genommen haben:

Nein	37	80,4%
Unternehmensberater	5	10,8%
Andere Unterstützung	4	8,8%
HS-Projekt INFEX	0	

Nach der Frage, ob das Hochschulprojekt INFEX Einfluss auf die unternehmerische Karriere genommen, antworteten alle Befragten nein, da niemand es in Anspruch genommen hatte. Ursache ist nach Auswertung der Studienjahrgänge die Tatsache, dass die Mehrzahl der Befragten vor 2000 an der HS studierte, die Leistung des Projektes INFEX also nicht in Anspruch nehmen konnte. Bei den Interviews wurde jedoch die Einführung einer solchen Unterstützung ausdrücklich begrüßt.

Was die Unternehmensgröße anbetrifft, so beantworteten 50 Alumni (Unternehmer, Führungskräfte, Freiberufler, Mitgesellschafter) die Frage:

1 – 10 Mitarbeiter	29	58 %
keine Mitarbeiter	13	26 %
bis 50 Mitarbeiter	5	10 %
bis 250 Mitarbeiter	3	6 %
mehr als 250 Mitarbeiter	0	

Der überwiegende Teil dieser Personen hat 1 – 10 Mitarbeiter oder keine. Ab 50 Mitarbeiter haben 16% dieser Personengruppe.

17. Zusammenfassung

Im Jahr 2008 gingen 29 % (50 von 172) der befragten Alumni einer selbständigen Tätigkeit nach oder waren an Unternehmen beteiligt. Sie bieten der Hochschule Wismar somit die Chance, unternehmerisches Denken aus praktischer Sicht in den Lehrbetrieb einzubringen. Der Zeitpunkt der Unternehmensgründung findet für 86 % nach drei oder mehr Jahren nach Studienabschluss statt. Die Betriebsgröße liegt für 58 % der Selbständigen zwischen 1 und 10 Mitarbeitern.

18. Handlungsansätze

Die Implementierung unternehmerischen Denken und Handelns ist ein Prozess, der sich nicht von selbst vollzieht, sondern der durch Maßnahmen auf Makro- und Mikroebene Nahrung erhält und entsprechend gesteuert werden sollte.

Allem voran muss jedoch die Vision stehen. Unternehmerisch zu sein allein, ist an sich nur bedingt eine Vision und für wenige erstrebenswert. Die Vision muss mehr umfassen und dazu führen, dass die Vision von möglichst vielen gelebt werden will. Dies gilt auf der Makroebene für das Umfeld im Allgemeinen, auf der Mikroebene für die Dozenten- und Studentenschaft wie auch für die Verwaltung im Besonderen.

Um Studierende und Dozenten für die Problematiken des Umfeldes zu sensibilisieren, erscheint es angebracht, einen Tag der sozialen Selbstverpflichtung einzurichten. Studierende und Dozenten lernen hier soziale Probleme kennen und können auf neuen Wegen nach Abhilfe suchen.

Generell sollten Forschungen im Rahmen der Kommunal- und Regionalforschung intensiviert werden. Gleiches gilt für Untersuchungen im Rahmen des Entrepreneurship. Hier sollten die Mittelstandsforschung bzw. die Erforschung regionaler Innovationssysteme im Vordergrund des Interesses stehen.

Auf Mikroebene steht die Veränderung der Lernkultur im Vordergrund. Hier ist einerseits an Dozententraining zu denken, andererseits aber auch an eine Sensibilisierung der Studentenschaft.

Beide sollten für unabhängiges bzw. interaktives Lernen eintreten und einen inspirierenden Unterricht einfordern bzw. anbieten. Der Unterricht sollte offen sein, auf Dialog aufbauen und Fehler zulassen. Er sollte lösungsorientiert sein und das eigene Selbstvertrauen fördern.

Reale Unternehmensprojekte sollten Eingang finden und, wenn möglich, durch die Unternehmer selbst dargestellt und durchgeführt werden. Dies könnte durch eine verstärkte Alumni-Arbeit geschehen, vielleicht durch so genannte Alumni-Clubs.

Im Rahmen der Stärkung der für, über und durch Entrepreneurship-Lernen sollte der Versuch unternommen werden, über Entrepreneurship zu vermitteln. Bislang wurde nahezu ausschließlich für Entrepreneurship gelehrt. Nachhaltigkeit ergibt sich aber erst aus dem Dreiklang von für, über und durch. So könnte ein einwöchiges Kompaktseminar in die Module integriert werden.

Im Fachbereich Gestaltung sollte verstärkt auf kulturelles Unternehmertum (cultural entrepreneurship) Wert gelegt werden. Für den Fachbereich Maschinenbau wäre das ökologische Unternehmertum (ecological entrepreneurship) von Bedeutung, besonders im Fachbereich nachhaltige Energien.

Die Prüfungen sollten dahingehend geprüft werden, ob sie lediglich reproduziertes Wissen abverlangen. Weiterhin sollte geprüft werden, ob das Wie der Durchführung noch zeitgemäß ist.

Die Hochschule – Dozentenschaft, Studentenschaft, Verwaltung – sollte ambitioniert an einem inspirierenden Campus arbeiten und ihn aus eigener Kraft und aus eigenen Mitteln gestalten.

Es sollten ein Klima und eine Umgebung geschaffen werden, die sich mehr am Werden als am Bestehenden freut: Zukunftskonstruktivität.

Im Rahmen der Zukunftskonstruktivität sollte mit Nachdruck geprüft werden, inwieweit die Einführung eines studium generale mit Fächern wie Interkulturalität, Entrepreneurship, Zukunftsforschung, Kulturwissenschaft, Philosophie etc. die Vision einer unternehmerischen Hochschule befördern kann.

Anhang

Kompetenzmodell

Einordnung Unternehmerischer Kompetenz im Gesamtbild menschlicher Kompetenzbereiche, die für die Arbeitswelt relevant sind:

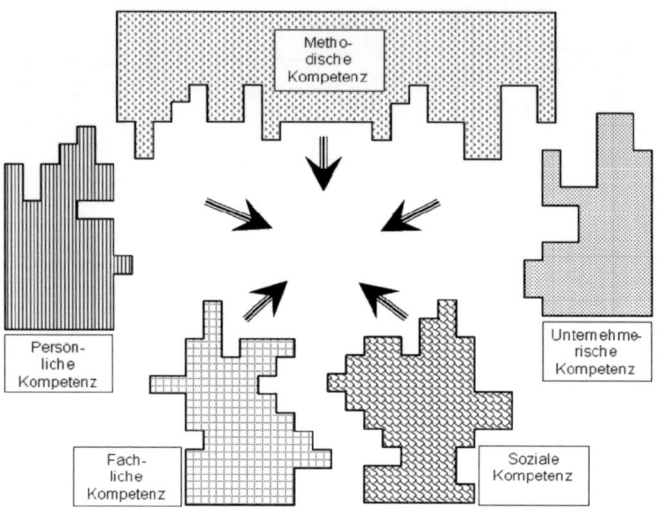

Unternehmerische Kompetenz:

ist die Fähigkeit, Ideen in die Tat umzusetzen. Dies erfordert Kreativität, Innovation und Risikobereitschaft sowie die Fähigkeit, Projekte zu planen und durchzuführen, um bestimmte Ziele zu erreichen. Sie ist die Grundlage für die besonderen Fähigkeiten und Kenntnisse, die Unternehmer benötigen, um eine gesellschaftliche oder gewerbliche Tätigkeit zu begründen.

- **Leistungsmotivstärke**

  Hierunter versteht man die Bereitschaft, Aufgaben zu übernehmen, um die eigenen Fähigkeiten und Kompetenzen unter Beweis zu stellen. Es handelt sich um eine Herausforderung, die gute Realisierungschancen besitzt.

  Der Reiz besteht in der Bewältigung der Aufgabe selbst, die daher mit großem Engagement übernommen wird.

  Zufriedenheit schafft vor allem die erbrachte Leistung, Honorierung und Anerkennung sind dagegen zweitrangig.

  Beispiel:

  Ein Ingenieur möchte die Idee einer anspruchsvollen technischen Innovation realisieren. Seine Motivation, diese Aufgabe um ihrer selbst Willen zu bewältigen, hilft ihm dabei, die Entwicklung des Produkts so weit voran zu treiben, dass er sich schließlich damit selbstständig machen kann.

- **Internale Kontrollüberzeugung**

Über internale Kontrollüberzeugung verfügen Personen, die Initiative ergreifen und sich durch starke Machbarkeitsüberzeugung auszeichnen. Sie packen gerne selbst an, streben nach Selbständigkeit und lassen sich bei der Arbeit ungern von anderen bevormunden. Allerdings steckt dahinter Kompetenz und keine Besserwisserei. Sie sind es gewohnt, sich selbst Ziele zu setzen, die Sie selbständig verfolgen.

Beispiel:

Der brillante Marketingspezialist, der sich durch organisatorische Zwänge des Großunternehmens, in dem er arbeitet, eingeengt fühlt und deshalb plant, ein eigenes Marktforschungsinstitut zu gründen.

- **Problemorientierung**

Menschen mit Problemorientierung betrachten Anforderungen des Berufslebens als prinzipiell lösbare Probleme und trauen sich zu, diese Probleme erfolgreich zu lösen.

Eine ausgeprägte Probl.Orien. führt dazu, dass die Person an Problemlösungskompetenz gewinnt, weil sie im Laufe der Zeit Kenntnisse, Erfahrungen und Fertigkeiten im Umgang mit neuen Arbeitsanforderungen erwirbt.

Für Unternehmensgründungen ist eine ausgeprägte Problemorientierung vorteilhaft, weil diese dazu befähigt, die zahlreichen "Nicht-Routine"-Aufgaben zu bewältigen, die berufliche Selbstständigkeit üblicherweise mit sich bringt.

Beispiel:

Ein wichtiger Kunde springt ab, ein wertvoller Mitarbeiter kündigt, ein neuartiges Projekt muss in kürzester Zeit realisiert werden, etc.

- **Risikoneigung**

Eine gewisse Risikoneigung und Nervenstärke müssen Sie unbedingt mitbringen.

Doch sowohl der sehr risikoreiche Weg, der mit geringer Wahrscheinlichkeit zu einem viel versprechenden Ergebnis führt, also auch der risikoarme Weg, der mit großer Wahrscheinlichkeit zu einem weniger guten Ergebnis führt, sind zu wählen.

Für Unternehmensgründungen oder Schritte in die Selbstständigkeit ist ängstliche Risikovermeidung ebenso von Nachteil wie extrem hohe Risikoneigung.

Von Bedeutung ist daher, Risiken realistisch einschätzen und kalkulieren zu können, um einen guten Mittelweg zu finden.

Beispiel:

Der prospektive Jungunternehmer verwirklicht sein Erwerbsprojekt erst dann, wenn die Startphase der Gründungsinitiative finanziell abgesichert ist.

- **Durchsetzungsvermögen**

  Wie bei der Risikobereitschaft sind auch beim Durchsetzungsvermögen Merkmalsausprägungen optimal, die zwischen allzu defensiver und offensiver sozialer Einflussnahme liegen.

  Amerikanische Forscher bezeichnen erfolgreiche Unternehmensgründer mitunter als „mildly sociopathic".

  Damit meinen sie, dass Unternehmer einerseits sozial unabhängig, dominant und unempfindlich sein müssen, um sich mit ihrer Geschäftsidee durchsetzen zu können.

  Andererseits dürfen sie andere Personen auch nicht wahllos vor den Kopf stoßen, da für den erfolgreichen Umgang mit Mitarbeitern oder Kunden auch kooperatives Verhalten gefragt ist.

  Beispiel:

  Der freiberufliche Versicherungsagent, der nicht nur zu überreden, sondern auch zu überzeugen verstehen muss, um dauerhafte Kundenbindungen aufzubauen.

Persönliche Kompetenzen:

- situationsgerechter Umgang mit den eigenen Potenzial
- umfassende Allgemeinbildung
- Zeit- und Selbstmanagement
- Entscheidungsfähigkeit

Fachliche Kompetenz:

- Transfer von Wissen und Fertigkeiten in neue Situationen
- Berufliche Handlungsfähigkeit auf dem Stand der Technik

Soziale Kompetenz:

- – Kontaktfähigkeit und Höflichkeit
- – Dialogfähigkeit
- – Kooperationsfähigkeit
- – Integrationsfähigkeit
- – Konflikt- und Kompromissfähigkeit

Methodische Kompetenz:

- – Lern- und Arbeitstechniken
- – Informationsbeschaffung und -verwendung
- – Gesprächs- und Kommunikationstechniken
- – Problemlösetechniken
- – Gestaltung von Problemlösungsprozessen

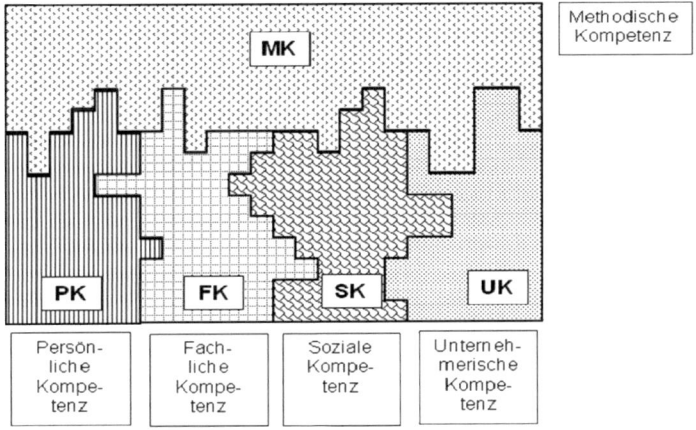

Erst wenn jemand Fachwissen (Fachkompetenz) nicht nur besitzt, sondern dieses Wissen auch engagiert und zielorientiert (Persönliche Kompetenz) in einer für andere verständliche Form (Methodische Kompetenz) in sein Team einbringen kann (Soziale Kompetenz), ist er/sie im Beruf voll einsatzfähig. *(Wirtschaftskammer Österreich, Abteilung für Bildungspolitik, Dr. Michael Landertshammer)*

Unternehmensbefragung
zur Ausprägung unternehmerischer Kompetenzen bei Hochschulabsolventen/innen

Liebe Interviewpartner/in,

wir bitten Sie, sich ca. 15 Minuten Zeit zu nehmen für die Beantwortung diese Fragebogen. Alle Angaben werden selbstverständlich anonym ausgewertet.
Die Umfrage soll helfen, unser Wissen über die Bedeutsamkeit von Fähigkeiten zum unternehmerischen Denken und Handeln für die Wirksamkeit von Hochschulabsolventen/innen in ihren Berufsfeldern zu verbessern. Dies ermöglicht der Hochschule Wismar, relevante Anforderungen der Wirtschaftsunternehmen noch besser in unsere Studienordnungen, die einzelnen Seminare und Lehrveranstaltungen einzubeziehen, ohne dass dadurch Umfang und Qualität der Vermittlung von Fachkompetenzen leiden.

Der Fragebogen gliedert sich in fünf Teilbereiche: Seite
• Angaben zum interviewten Unternehmen und zum/zur Interviewpartner/in   2
• Bedeutsamkeit unternehmerischer Kompetenzen für HS-Absolventen   3
• Einschätzung der Ausprägung unternehmerischen Denken und Handelns bei HS/Uni-Absolventen   4
• Einschätzung des unternehmerischen Denken und Handelns bei Absolventen der Hochschule   5
    Wismar bzw. HS-Absolventen mit verwandten Abschlüssen
• Bedarfe der Wirtschaft bzgl. der Absolventen der Hochschule Wismar   6

In unserer Befragung zum unternehmerisches Denken und Handeln gehen wir von der Definition lt. Empfehlung des Europäischen Parlaments und des Rates (2006) aus.
„Unternehmerisches Denken und Handeln ist die Fähigkeit, Ideen in die Tat umzusetzen. Dies erfordert Kreativität, Innovation und Risikobereitschaft sowie die Fähigkeit, Projekte zu planen und durchzuführen, um bestimmte Ziele zu erreichen. Zu den notwendigen Kenntnissen zählt, Chancen für persönliche, berufliche und / oder gewerbliche Tätigkeiten zu erkennen, einschließlich der „größeren Zusammenhänge", in denen Menschen leben und arbeiten, sowie ein umfassendes Verständnis der Funktionsweise der Wirtschaft und der Chancen und Herausforderungen, mit denen ein Arbeitgeber oder eine Organisation konfrontiert sind. Der Einzelne sollte sich außerdem der ethischen Stellung von Unternehmen bewusst sein und wissen, dass diese durch fairen Handel oder soziale Unternehmensführung Vorbildfunktion haben können. An Fähigkeiten erfordert ist aktives Projektmanagement (dazu zählen Planung, Organisation, Management, Führung und Delegation, Analyse, Kommunikation, Einsatzbereitschaft, Beurteilung und Aufzeichnung) und die Fähigkeit, sowohl eigenständig als auch im Team zu arbeiten Eine wesentliche Kompetenz ist die Einschätzung der eigenen Stärken und Schwächen sowie die Bewertung von Risiken und die Bereitschaft, gegebenenfalls Risiken einzugehen. Eine unternehmerische Einstellung ist gekennzeichnet durch Initiative, vorausschauendes Aktivwerden, Unabhängigkeit und Innovation im privaten und gesellschaftlichen Leben sowie im Beruf. Dazu gehört auch Motivation und Entschlossenheit, Ziele zu erreichen, ob nun persönlicher Art oder gemeinsame Ziele mit anderen und / oder bei der Arbeit."

Zur Erleichterung der Beantwortung und zur präziseren Auswertung für eine geplante Implementierung der Ergebnisse in die Lehre sind die meisten Fragen als Multiple-Choice-Verfahren formuliert. Zusätzlich können Sie diese Antworten durch eigene Kommentare ergänzen.

Angaben zum Unternehmen und zum/zur Interviewpartner/in

Name des Unternehmens: . . . .

Ort / Betriebsstätte in: . . . .

Bitte ordnen Sie Ihr Unternehmen einer Branche und einer Betriebsgröße zu.
Die Zuordnung der Betriebe orientiert sich an der Klassifizierung im IAB – Betriebspanel Meckl.-Vorpom.:

	Betriebsgröße (Gesamtzahl sozialversicherungspflichtiger Beschäftigter)							
Branche	bis 4	5-9	10-19	20-49	50-99	100-199	200-499	500+
Land- und Forstwirtschaft, Fischerei	☐	☐	☐	☐	☐	☐	☐	☐
Bergbau, Energiewirtschaft, Wasserversorg.	☐	☐	☐	☐	☐	☐	☐	☐
Verarbeitendes Gewerbe	☐	☐	☐	☐	☐	☐	☐	☐
Baugewerbe	☐	☐	☐	☐	☐	☐	☐	☐
Handel und Reparatur	☐	☐	☐	☐	☐	☐	☐	☐
Verkehr und Nachrichtenübermittlung	☐	☐	☐	☐	☐	☐	☐	☐
Kredit- und Versicherungsgewerbe	☐	☐	☐	☐	☐	☐	☐	☐
Unternehmensnahe Dienstleistungen	☐	☐	☐	☐	☐	☐	☐	☐
Erziehung und Unterricht	☐	☐	☐	☐	☐	☐	☐	☐
Gesundheits- und Sozialwesen	☐	☐	☐	☐	☐	☐	☐	☐
Übrige Dienstleistungen	☐	☐	☐	☐	☐	☐	☐	☐
Organisationen ohne Erwerbszweck	☐	☐	☐	☐	☐	☐	☐	☐
Öffentliche Verwaltung	☐	☐	☐	☐	☐	☐	☐	☐
Nicht zuordenbar (Freiberufler, …)	☐	☐	☐	☐	☐	☐	☐	☐

Name der ausfüllenden Person *(freiwillig)*: . . . .

Ihre Position im Unternehmen ist
(bitte ankreuzen):
☐ Alleiniger/e Inhaber/in
☐ Mitinhaber/in
☐ Angestellter/e Geschäftsführer
☐ Führungskraft (ohne Beteiligung)
☐ Sonstiges

Ihr höchster Berufsabschluss ist
(bitte ankreuzen):
☐ Facharbeiter
☐ Meister
☐ Fachhochschule
☐ Universität
☐ Sonstiges . . . .

Sie sind *(bitte ankreuzen)*
☐ männlich
☐ weiblich

☐ unter 30 Jahre alt
☐ zwischen 30 und 45 Jahre alt
☐ über 45 Jahre alt

Bedeutsamkeit unternehmerischer Kompetenzen für HS-Absolventen

Wie wichtig sind nach Ihrer Meinung folgende nicht fachspezifischen Fähigkeiten / Kompetenzen für Berufseinsteiger mit Hochschul-/Universitäts-Abschluss *(bitte ankreuzen)*?

	unwichtig	mäßig wichtig	wichtig	extrem wichtig
a) Fähigkeit, Herausforderungen anzunehmen	☐	☐	☐	☐
b) Fähigkeit zum kooperativen Verhalten	☐	☐	☐	☐
c) Nervenstärke, psychische Belastbarkeit	☐	☐	☐	☐
d) Problemlösekompetenz	☐	☐	☐	☐
e) Fähigkeit, Initiative zu ergreife, packt selbst gern an	☐	☐	☐	☐
f) Fähigkeit zur realistischen Risikobewertung	☐	☐	☐	☐
g) Fähigkeit zur angemessenen sozialen Unempfindlichkeit	☐	☐	☐	☐
h) Bereitschaft, freiwillig Aufgaben zu übernehmen	☐	☐	☐	☐
i) Fähigkeit zur starken Machbarkeitsüberzeugung	☐	☐	☐	☐
j) Fähigkeit zur guten Bewältigung von Nicht-Routine-Aufgaben	☐	☐	☐	☐
k) Fähigkeit z. situationsgerechten u. verantwortungsvollem Verhalten	☐	☐	☐	☐
l) Fähigkeit, Zufriedenheit aus bewältigten Aufgaben zu gewinnen	☐	☐	☐	☐
m) Streben nach Selbständigkeit in der Arbeit	☐	☐	☐	☐
n) Fähigkeit zur angemessenen Risikoverteilung / Risikoeignung	☐	☐	☐	☐
o) Fähigkeit, in Problemen zuerst eine lösbare Aufgabe zu sehen	☐	☐	☐	☐

Auf welche der oben genannten Fähigkeiten kann beim Berufseinstieg am ehesten verzichtet werden, da sie im Berufsleben leicht nachgeholt werden kann *(bitte nur einen Buchstaben ankreuzen)*?

a)   b)   c)   d)   e)   f)   g)   h)   i)   j)   k)   l)   m)   n)   o)

Auf welche der oben genannten Fähigkeiten kann beim Berufseinstieg auf keinen Fall verzichtet werden, da sie vom Start an ausschlaggebend für den Karriereverlauf ist *(bitte nur einen Buchstaben ankreuzen)*?

a)   b)   c)   d)   e)   f)   g)   h)   i)   j)   k)   l)   m)   n)   o)

Ihre Anmerkungen / Ergänzungen *(optional)*:

. . . .

. . . .

Einschätzung der Ausprägung unternehmerischen Denken und Handelns bei HS/Uni-Absolventen

Kennen Sie Kompetenzprofile einiger deutscher Hochschul- oder Universitätsabsolventen?
Kennen Sie auch deren nicht fachspezifische Kompetenzen?

☐ Ja
☐ Nein

Falls nicht können Sie die Fragen auf dieser und der folgenden Seite nicht beantworten.
Bitte beantworten Sie noch die Fragen auf Seite 6 zu den Einsatzmöglichkeiten unserer Absolventen.

Wie sind nach Ihrer Erfahrung folgende nicht fachspezifischen Kompetenzen bei deutschen Hochschul- bzw. Universitätsabsolventen ausgeprägt?	nicht vorhanden	mäßig ausgeprägt	gut ausgeprägt	exzellent ausge- prägt
a) Fähigkeit, Herausforderungen anzunehmen	☐	☐	☐	☐
b) Fähigkeit zum kooperativen Verhalten	☐	☐	☐	☐
c) Nervenstärke, psychische Belastbarkeit	☐	☐	☐	☐
d) Problemlösekompetenz	☐	☐	☐	☐
e) Fähigkeit, Initiative zu ergreife, packt selbst gern an	☐	☐	☐	☐
f) Fähigkeit zur realistischen Risikobewertung	☐	☐	☐	☐
g) Fähigkeit zur angemessenen sozialen Unempfindlichkeit	☐	☐	☐	☐
h) Bereitschaft, freiwillig Aufgaben zu übernehmen	☐	☐	☐	☐
i) Fähigkeit zur starken Machbarkeitsüberzeugung	☐	☐	☐	☐
j) Fähigkeit zur guten Bewältigung von Nicht-Routine-Aufgaben	☐	☐	☐	☐
k) Fähigkeit z. situationsgerechten u. verantwortungsvollem Verhalten	☐	☐	☐	☐
l) Fähigkeit, Zufriedenheit aus bewältigten Aufgaben zu gewinnen	☐	☐	☐	☐
m) Streben nach Selbständigkeit in der Arbeit	☐	☐	☐	☐
n) Fähigkeit zur angemessenen Risikoverteilung / Risikoeignung	☐	☐	☐	☐
o) Fähigkeit, in Problemen zuerst eine lösbare Aufgabe zu sehen	☐	☐	☐	☐

Ihre Anmerkungen / Ergänzungen *(optional)*:

. . . .

. . . .

. . . .

Einschätzung des unternehmerischen Denken und Handelns bei Absolventen der Hochschule Wismar bzw. HS-Absolventen mit verwandten Abschlüssen

An der Hochschule Wismar werden Studierende an den drei Fakultäten Gestaltung, Wirtschaftswissenschaften und Ingenieurwissenschaften ausgebildet.

Kennen Sie Kompetenzprofile einiger Absolventen der Hochschule Wismar (gleichgültig aus welchem Bereich)? Oder kennen Sie Hochschulabsolventen aus einem der drei Fakultätsbereiche?

☐ Ja   ☐ Nein

Falls nicht können Sie die Fragen dieser Seite nicht beantworten.
Bitte beantworten Sie noch die Fragen auf Seite 6 zu den Einsatzmöglichkeiten unserer Absolventen.

An welchen Fakultäten haben diese Absolventen studiert *(Mehrfachnennungen möglich)*?
☐ Fakultät Gestaltung
☐ Fakultät Wirtschaftswissenschaften
☐ Fakultät Ingenieurwissenschaften

Wie sind nach Ihrer Erfahrung folgende nicht fachspezifischen Kompetenzen bei den Absolventen der Hochschule Wismar ausgeprägt?	nicht vorhanden	mäßig ausgeprägt	gut ausgeprägt	exzellent ausgeprägt
a) Fähigkeit, Herausforderungen anzunehmen	☐	☐	☐	☐
b) Fähigkeit zum kooperativen Verhalten	☐	☐	☐	☐
c) Nervenstärke, psychische Belastbarkeit	☐	☐	☐	☐
d) Problemlösekompetenz	☐	☐	☐	☐
e) Fähigkeit, Initiative zu ergreife, packt selbst gern an	☐	☐	☐	☐
f) Fähigkeit zur realistischen Risikobewertung	☐	☐	☐	☐
g) Fähigkeit zur angemessenen sozialen Unempfindlichkeit	☐	☐	☐	☐
h) Bereitschaft, freiwillig Aufgaben zu übernehmen	☐	☐	☐	☐
i) Fähigkeit zur starken Machbarkeitsüberzeugung	☐	☐	☐	☐
j) Fähigkeit zur guten Bewältigung von Nicht-Routine-Aufgaben	☐	☐	☐	☐
k) Fähigkeit z. situationsgerechten u. verantwortungsvollem Verhalten	☐	☐	☐	☐
l) Fähigkeit, Zufriedenheit aus bewältigten Aufgaben zu gewinnen	☐	☐	☐	☐
m) Streben nach Selbständigkeit in der Arbeit	☐	☐	☐	☐
n) Fähigkeit zur angemessenen Risikoverteilung / Risikoeignung	☐	☐	☐	☐
o) Fähigkeit, in Problemen zuerst eine lösbare Aufgabe zu sehen	☐	☐	☐	☐

Ihre Anmerkungen / Ergänzungen *(optional)*:

. . . .

. . . .

Bedarfe der Wirtschaft bzgl. der Absolventen der Hochschule Wismar

Die Hochschule Wismar bildet Studierende an den drei Fakultäten Gestaltung, Wirtschaftswissenschaften und Ingenieurwissenschaften aus.

Gibt es nach Ihrer Meinung in Ihrer Branche bzw. in Ihrer Firma Beschäftigungs- und / oder Gründungschancen für Absolventen der Hochschule Wismar *(bitte ankreuzen)*?

Fakultät Gestaltung
- ☐ Architectural Lighting Design
- ☐ Architektur
- ☐ Architektur & Umwelt
- ☐ Innenarchitektur
- ☐ Kommunikationsdesign & & Medien
- ☐ Produktdesign
- ☐ Schmuckdesign

Fakultät Wirtschaftswissenschaften
- ☐ Betriebswirtschaft
- ☐ Wirtschaftsinformatik
- ☐ Wirtschaftsrecht
- ☐ Management sozialer Dienstl.

Fakultät Ingenieurwissenschaften
- ☐ Bauingenieurwesen
- ☐ Elektrotechnik und Information
- ☐ Maschinenbau
- ☐ Verfahrens- u. Umwelttechnik
- ☐ Seefahrt

Haben Sie selbst bzw. Ihr Unternehmen Interesse daran , für Studierende der Hochschule Wismar
☐ Praktikumsplätze zu vergeben,
☐ studentische Projekte zu unterstützen,
☐ Themen für Bachelor- oder Master-Thesen zu vergeben,
☐ Bachelor- oder Masterthesen zu betreuen
☐ mehrjährige Karrierewege, auch über mehrere der oben genannten Möglichkeiten zu begleiten, z.B. um einen / eine Nachfolger / Nachfolgerin für Ihr Unternehmen aufzubauen
(bitte ankreuzen, Mehrfachnennungen möglich)?

Falls ja, für welche Studienrichtungen *(bitte ankreuzen, Mehrfachnennungen möglich)*?

Fakultät Gestaltung
- ☐ Architectural Lighting Design
- ☐ Architektur
- ☐ Architektur & Umwelt
- ☐ Innenarchitektur
- ☐ Kommunikationsdesign & & Medien
- ☐ Produktdesign
- ☐ Schmuckdesign

Fakultät Wirtschaftswissenschaften
- ☐ Betriebswirtschaft
- ☐ Wirtschaftsinformatik
- ☐ Wirtschaftsrecht
- ☐ Management sozialer Dienstl.

Fakultät Ingenieurwissenschaften
- ☐ Bauingenieurwesen
- ☐ Elektrotechnik und Information
- ☐ Maschinenbau
- ☐ Verfahrens- u. Umwelttechnik
- ☐ Seefahrt

Wir danken Ihnen für Ihre Mitarbeit.

Bitte schicken Sie den ausgefüllten Fragebogen an

Gründerbüro der Hochschule Wismar
PF 1210
23952 Wismar   oder faxen Sie die Seiten 2 bis 6 an   03841-753-104

Literaturverzeichnis

Arndt, O.; Brünink, D.: Mehr als Kultur und Design. In: Prognos trendletter – Dienstleister Staat, 2/1007. 18. Jg. Basel 2007.

Astheimer, S.: Zwischen Glamour und Gelände. In: Frankfurter Allgemeine Zeitung, 2./4. Januar 2009, Nr. 2. Frankfurt a. M. 2009.

Bernstein, B.: Social Class, Language and Socialization. In: Current Trends in Linguistics Vol. 12. Den Haag 1971.

Börsenverein des deutschen Buchhandels (Hrsg.): Buch und Buchhandel in Zahlen 2008. Frankfurt a. M. 2008.

Bove-Nielsen, J.: Corporate Kindergarten. København 2003.

Braun, G.: Diensberg, Ch. (Hrsg.): Unternehmertum. Eine Herausforderung für die Zukunft. In: Rostocker Arbeitspapiere zur Wirtschaftsentwicklung und Human Ressource Development Nr. 12. Rostock 1999.

Clausen, E.: Rostock live – et rejsebrev. København 1996.

Diederich, G. M.: Totgeschwiegen – und wieder eröffnet – zur Entwicklung der katholischen Schulen in Mecklenburg vom Ende des zweiten Weltkrieges bis in die Gegenwart. In: Georg M. Diederich, Renate Krüger(Hg.): Geduldet, verboten, anerkannt. Rostock 2000.

Dittmar, N.: Sozilinguistik. Frankfurt/Main. 1973.

Domröse, H.: Robustheit von Auswahlverfahren gegen Abweichungen von der Normalverteilung. Promotionsarbeit, Universität Rostock, 1985.

Edward de Bono's web. www.edwdebono.com.

Faltin, G.: Kopf schlägt Kapital. München 2008.

Finkenzeller, K.: Wir sind so frei. In: brand eins. 13.Jg., Heft 3. Hamburg 2011.

Florida, R.: The Rise of the Creative Class. New York 2002.

Fueglisthaller, U.; Müller, Ch. und Thierry Volery von Gabler: Entrepreneurship: Modelle – Umsetzung – Perspektiven. Mit Fallbeispielen aus Deutschland, Österreich und der Schweiz. Wiesbaden 2008.

Garnjost, Petra: Erfolgsfaktor Unternehmerpersönlichkeit Fachhochschule Heidelberg, Fakultät für Wirtschaft, 2010.

http://www2.uni-siegen.de/~f05eigl/beitraege/Unternehmerausbildung_Garnjost.pdf.

Gibb, A.: Towards the Entrepreneurial University. Birmingham 2006.

Grünwald, N.;Domröse, H.: Student research and development teams at the University of Wismar. 3rd International Conference on Engineering and Business Education (ICEBE) in conjunction with 3rd Conference on Innovation and Entrepreneurship (ICIE). Manila, 2010 (1)

Grünwald, N., Wolfgramm K.; Domröse, H.: Leadership Education at Wismar University – Core Competence for Intrapreneurs and Entrepreneurs in a Knowledge Society. 3rd International Conference on Engineering and Business Education (ICEBE) in conjunction with 3rd Conference on Innovation and Entrepreneurship (ICIE). Manila, 2010 (2).

Heinrichs, M.: Das Thomas-Annika-Prinzip in der Verwaltung. In: Info-Flyer-Fortbildung in der öffentlichen Verwaltung. Güstrow 2006

Hisrich, R. D.; Peters, M. P.; Shepherd, D. A.: Entrepreneurship. New York. 2005.

http://de.wikipedia.org/w/index.php?title=Datei:Bundesarchiv_Bild-183-25414-0111,_Leip-zig,_Evangelischer_Kirchentag.2011.

http://de.wikipedia.org/wiki/unternehmertum.06.08.2008.

http://www.persönliches-wisensmanagement.com/glossar/113.06.08.2008.

http://de.wikipedia.org/w/index.php?title=Erziehung printable=yes. 07.08.2008.

http://lexikon.meyers.de/meyers/bildende_kunst.07.08.2008.

http://www.spiegel.de/spiegel/O, 1518,druck-524828.00html.;27.08.08.

http.://www.gm.fh.koeln.de/-bundschu/dokumente/Referate/354/Teamarbeit.thml. 07.08.2010.

Kirzner, I. M.: The Economic Point of View: An Essay in the History of Economic Thought. Kansas City 1976.

Kochan, Th.: Blauer Würger – So trank die DDR. Berlin 2011.

Kockhahn, Ch.; Haddad, D.; Delm, U.: Bücher und Lernen als Freizeitaktivität. In: Media Perspektiven 1/2005.
http://www.media-perspektiven.de/fachzeitschrift_alle_ausgaben.html;07.08.08.

Kommission der Europäischen Gemeinschaften: Empfehlung des Europäischen Parlaments und des Rates zu Schlüsselkompetenzen für lebenslanges Lernen. Brüssel 2005.

Krause, Regina: Bericht zur Befragung der Professoren an der Hochschule Wismar zur Implementierung des unternehmerischen Denkens und Handelns in die Lehrveranstaltungen. Diplomarbeit Hochschule Wismar. Wismar 2008.

Land, G.: Jarman: B.: Breaking Point and Beyond. Zit. n. Jesper Bove Nielsen: Corporate Kindergarten. København 2003.

Lotter, W.: Mittendurch. Nach vorn. In: brand eins. 13 Jg., Heft 3. Hamburg 2011.

Massachusetts Institute of Technology, Center for Entrepreneurship: http://entrepreneurship.mit. edu/ecenter.

Ministerium für Bildung, Wissenschaft und Kultur: Rahmenplan Arbeit – Wirtschaft - Technik, Regionale Schule, Verbundene Haupt- und Realschule, Hauptschule, Realschule, Integrierte Gesamtschule, Jahrgangsstufen 7 - 10. In: Mitteilungsblatt des Ministeriums für Bildung, Wissenschaft und Kultur Mecklenburg-Vorpommern, Nr. 9/2002. Schwerin 2002.

Mitzscherlich, B.: Unter Diktaturen. Die Stellung der katholischen Schulen im Dritten Reich, in der Sowjetischen Besatzungszone und in den Anfangsjahren der DDR. In: Georg M. Diederich, Renate Krüger (Hg.): geduldet, verboten, anerkannt. Rostock 2000.

Mogel, H.: Ökopsychologie. Berlin 1984.

Müller, G. F.: Eigenschaftsmerkmale unternehmerischen Handelns. In: Müller, G.F. (Hsg.): Existenzgründung und unternehmerisches Handeln. 2000.

Müller, G.F. et.al.: Führungskräfte mit unternehmerischer Verantwortung. In: Zeitschrift für Personalpsychologie. Heft 1. 2002.

Nefiodow, L. A.: Der sechste Kontratieff. Sankt Augustin 2006.

Opaschowski, H. W.: Deutschland 2020. Wie wir morgen leben – Prognosen der Wissenschaft. Wiesbaden 2006.

Pinchot, G.: Intrapreneuring: Mitarbeiter als Unternehmer. Wiesbaden 1988.

Prittwitz, M. von: Die Kunst reich zu werden. Wismar 2006.

Ridderstråle, J.; Nordström, K. A.: Funky Business forever. München 2008.

Scheiner, Ch. W.: Fundamental Determinants of Entrepreneurial Behaviour. Wiesbaden 2009.

Schulheis, C.: Was wir über Jungen wissen. Ergebnisse der Jungendforschung. Fachtagung „Krise der kleinen Kerle? – Jungen in der Grundlschule". Neuwied. 06.06.2008.

Schwarz, M.: Die DDR – Zwischen Mauer, Trabi und Club-Cola. Hamburg 2009.

Syracuse University Center for Entrepreneurship. www.syr.edu.